Brigitte von Boch

GARTENVERGNÜGEN

Brigitte von Boch

GARTENVERGNÜGEN

Wohnen und genießen im Garten

Callwey

INHALT

OUVERTURE

GÄRTEN SIND SPIELWIESEN DER FANTASIE: SIE DIENEN ALS GRÜNE WOHNZIMMER, LASSEN SICH IN BÜHNEN FÜR EINLADUNGEN VERWANDELN – SIND ORTE DER KREATIVITÄT UND KONTEMPLATION.

Mein Garten ist meine große Passion. Mein geheimes Paradies, das ich in aller Frühe ganz für mich genieße. Der Garten dient mir aber auch als grüner Salon, den ich für meine Familie und Gäste gestalte, in dem ich viele kleine und große Einladungen organisiere. Die Farben der Blumen, die Silhouetten der Bäume, Perspektiven, die sich öffnen, kleine Wege, versteckte Plätze – all das ist in meinem oftmals turbulenten Alltag als Mutter, Gastgeberin und Unternehmerin meine größte Freude. In meinen geliebten Garten ziehe ich mich an manchen Tagen zurück, um nachzudenken, zu lesen und Briefe zu schreiben. Außerdem dient er mir als echte Bio-Speisekammer: Täglich ernte ich Gemüse und Obst, im Frühjahr pflanze ich neue Blumen – und genieße mein privates Elysium, das ich mir seit Jahrzehnten geschaffen habe. Und da ich eine große Ästhetin bin, die aus dem Bauch heraus entscheidet und gestaltet, ist mein Garten eine wunderbare Spielwiese für die Umsetzung meiner Vorstellungen von Schönheit und Harmonie.

Durch das Leben auf dem Land habe ich mich zu einer leidenschaftlichen Gartenliebhaberin entwickelt. Heute würde ich das bedächtige Landleben dem Trubel der Stadt jederzeit vorziehen, obwohl ich es liebe, zu reisen, elegante Menschen zu treffen, auszugehen und mich durch Geschäfte, Restaurants und Museen inspirieren zu lassen. Die urbane Hektik macht mich nach einer gewissen Zeit nervös. Mir fehlen die Weite, der unverbaute Blick, die prachtvollen Sonnenuntergänge, das Zwitschern der Vögel und die Bilder der Wolken am Himmel.

In unserem Zuhause habe ich einen wunderbaren Rückzugsort. Manch einer, der mich aus meinen Lebensphasen in London und Frankfurt kennt, ist immer wieder erstaunt, dass man so abgeschieden auf dem Land derart glücklich sein kann wie ich. Doch wirklich allein fühle ich mich nie. Das ganze Jahr über kommen Gäste zu uns, und im Sommer bringen meine Kinder Horden von Freunden,

Cousins und Neffen mit ins Haus. Natürlich gibt es auch immer wieder Tage, an denen ich ganz für mich bin, das sind die Momente, die ich in der Natur verbringe, wichtige Phasen der Kontemplation und dadurch kostbare Stunden. Dann bin ich ganz allein mit mir, freue mich an der Natur und denke nach. Überlege, was für Aufgaben heute vor mir liegen, wie ich ein großes Abendessen organisiere, welche Schwerpunkte ich mir für die nächste Modekollektion vornehme oder was für die von mir unterstützte Mentor-Stiftung zu tun ist.

Größtes Privileg: Der eigene Garten

Für mich ist ein Garten wichtiger als alles andere. Freiheit, Ruhe, nicht eingeengt zu sein – was gibt es Wichtigeres? Aber natürlich braucht ein schöner Garten viel Zeit, viel Pflege und ein gewisses jährliches Budget. Ich erinnere mich noch gut daran, dass ich am Anfang meiner Gartenkarriere manchmal aufgeben wollte, wenn eine Schneckenarmee den Gemüsegarten überfiel, die Hirsche des nahen Waldes die jungen Bäume schälten oder ein zu

Der Garten als Ruheplatz: In der Laube schreibe ich gerne Briefe an meine Familie und Freunde – umgeben vom Blumenduft und Vogelzwitschern.

trockener Sommer nur kümmerliche Ernte einbrachte. Aber zum Glück habe ich mich nie entmutigen lassen. Ein Garten ist eine lebenslange Aufgabe, die mit großer Freude, aber auch mit Rückschlägen verbunden ist.

Neuer Trend: Der grüne Wohnraum

Mein Anfang war ein Haus am Waldrand mit einer großen Rinderwiese und einigen alten Bäumen, an deren Stämmen sich die Pferde und Rinder rieben. Die im Wald beheimateten Rehe hatten die Jungpflanzen verbissen. Der Natur waren keinerlei Grenzen gesetzt. Für mich stellte dieser relativ ungestaltete Garten eine große Herausforderung dar: er war wie eine unbemalte, aber grundierte Leinwand, auf der ich beginnen konnte zu zeichnen.

Im Laufe der Jahre habe ich auf diesem Boden einen Garten mit vielen „grünen Zimmern" geschaffen, mit Aussichtspunkten und romantischen Sitzplätzen. Ein lebendiges Refugium mit Hecken, hinter denen man sich verstecken kann, und Terrassen, die zu jeder Tageszeit Licht oder Schat-

Für die Dekoration des Frühstückstisches wähle ich sommerliche Farben und ein dazu passendes Geschirr.

ten bieten. Ich habe Staudenbeete angelegt mit einer Fülle von Farben und Blüten, Sträucher, die von Februar bis in den Herbst Blüten tragen, Blattwerk, das von Silber bis dunklem Grün seine Schattierungen zur Geltung bringt. Schneeglöckchen, Krokusse und Narzissen habe ich zu Tausenden in die Erde verbracht. Rhododendren in den verschiedensten Rottönen wurden als Gruppen in den Schatten großer Bäume gepflanzt.

Der Garten als organischer Fundus

Ich habe mich bei der Dekoration des Hauses, der Terrasse und von Sitzplätzen zu allen Jahreszeiten immer schon aus Wald und Garten bedient. Bei meiner Familie und meinen Freunden bin ich dafür bekannt, Artischocken statt Blumensträuße auf den Tisch zu stellen und die schönsten Plätze für Feste in der freien Natur auszusuchen. Ich bin der Ansicht, dass man die Ausstattung des Gartens genauso liebevoll betreiben kann wie die des Hauses. An einem kleinen Teehaus, einem schön gestalteten Spalier oder einer Skulptur hat man mit Sicherheit ebensoviel Freude wie an einem antiken Sekretär oder dem neuesten Whirlpool.

Mit diesem Buch möchte ich Sie inspirieren, Ihren Garten zum schönsten Raum Ihres Zuhauses zu machen, zu einem grünen Refugium, in dem Sie arbeiten, leben und feiern können. Ich möchte Ihnen verschiedene Gartenstile näher bringen, unterschiedliche Möglichkeiten, Balkone, Terrassen, kleine und große Gärten zu gestalten. Vor allem aber möchte ich Ihnen zeigen, wie man mit Obst, Gemüse und Zweigen aus dem eigenen Garten wunderschöne Dekorationen für Tische zaubert. Ich möchte Ihnen erzählen, wie man zu Teestunden und gemütlichen Picknicks einladen kann und dabei den Garten nicht nur als Bühne, sondern auch als

Der Tisch sollte im Schatten eines Baumes platziert
werden. So wird man vor der Sonne geschützt
und sitzt dennoch in der freien Natur.

organischen Requisitenfundus nutzt. Wie man sich
selber schöne Plätze unter freiem Himmel anlegt
und eine Kindergesellschaft unterhalten kann. Und
natürlich habe ich meine Lieblingsrezepte zusammengestellt, mit denen Sie ohne großen Aufwand
Gartenmenüs vorbereiten können.

Im Laufe meines Lebens als Gastgeberin und Mitglied einer weitverzweigten Familie hatte ich immer
großen Spaß daran, Gäste zu empfangen, Einladungen zu organisieren und Tische zu decken, Spaß
an romantischen Festen im frühlingshaften Garten,

an fröhlichen Picknicks und eleganten Abendessen
bei Kerzenschein. Die große Freude, die ich persönlich an meiner schönen grünen Umgebung habe,
möchte ich durch dieses Buch mit Ihnen teilen. Ich
hoffe, Sie finden darin immer wieder Anregungen
für Ihr eigenes Zuhause.

Ihre

Brigitte von Boch

Brigitte von Boch

Folgende Seite: Umgeben von vielfarbigen Stauden
und bei der Lektüre eines guten Buches
kann ich am besten entspannen.

Ein schöner Garten is: Mittelpunkt des Lebens. Frisch geschnittene Blumen, Obst und Gemüse aus eigener Ernte ersetzen nicht nur den Besuch beim Floristen oder auf dem Markt, sondern bieten individuelle Möglichkeiten, das Haus zu gestalten.

FAMILIENPARADIES AUF DEM LAND

IN UNSEREM ZUHAUSE HABE ICH EINEN GARTEN GESCHAFFEN, IN DEM WIR LEBEN, ARBEITEN UND FESTE FEIERN. ER IST MITTELPUNKT FÜR DAS ZUSAMMENLEBEN VON DREI GENERATIONEN.

Einen Garten legt man da an, wo man sich wohlfühlt und Wurzeln schlagen will. In jungen Jahren, oft beruflichen Wanderjahren, erfreut man sich vielleicht an einem üppig bepflanzten Balkon oder einer Dachterrasse. Wenn man aber Besitzer eines veritablen Gartens geworden ist, mit einer Wiese und Beeten, mit Obststräuchern und Spalieren – dann bekommt man ein anderes Verhältnis zu den Pflanzen. Sich einen Garten zu eigen zu machen heißt: Hier will ich bleiben. Hier ist mein Zuhause.

Ein eigener Garten entsteht nicht von heute auf morgen. Die Leidenschaft und Passion für einen Garten wächst meist langsam, mit dem Stolz und der Freude an den bereits gepflanzten Blumen, Stauden und Sträuchern. Jede blühende, duftende Rose spornt zu immer wieder neuen Pflanzideen an. Man lernt ganz automatisch, welche Pflanzen sich an welchem Ort wohlfühlen. Mir fällt beim Verhältnis von Garten und Gärtner immer die schöne Geschichte von Antoine de Saint-Exupéry ein, von dem Kleinen Prinzen und der Rose, die ein wenig kapriziös ist und Geduld und Zuwendung braucht. Manche Pflanzen brauchen eine Glasglocke, andere kann man im Sturm stehen lassen, jeder aber muss man sich mit Fingerspitzengefühl nähern. So macht man als Gärtner auch die Erfahrung, dass viele Dinge gelingen – aber manche eben nicht.

Eine Gartenkarriere

Seit ich verheiratet bin und wusste, dass ich an diesem Ort, unserem Zuhause in der Nähe von Mettlach, bleiben würde, entwickelte ich mehr und mehr Freude an der Planung unseres Gartens. Zusammen mit meinem Mann habe ich unsere Vorstellung von unserem natürlichen Umfeld gestalterisch umgesetzt. Da ich die Natur liebe, war diese neue Aufgabe für mich wie geschaffen. Ich habe mich zuerst um das Haus gekümmert. Und dann um den Garten. Es war und ist eine unglaublich kreative Aufgabe, die mir große Freude bringt und die mich auch nicht mehr loslässt! Ich war plötzlich die Gestalterin, die zu planen und entscheiden hatte. Ich hatte vier kleine Kinder, von denen jedes ebenfalls ein Stück Wiese bepflanzen durfte. Der Garten hat immer eine wichtige Rolle für mich gespielt und im Laufe der Zeit ist diese Passion gewachsen. Er hat mir Ruhe gegeben, mich gefordert und inspiriert.

Gummistiefel statt Stilettos

Unser Leben im Freien folgt wie zu Urzeiten dem Sonnenstand. Bei uns stehen die Türen zum Garten offen, die Hunde rennen rein und raus, Esel und Ziegen weiden gemütlich auf der Wiese, wir säen und ernten Gemüse, pflücken das Obst. Uns stören weder Regen noch Sturm, denn es gilt in der Familie die alte Regel: „Es gibt kein schlechtes Wetter, sondern nur unpassende Kleidung!" So besitzen wir eine ganze Sammlung von Gummistiefeln, haben Regenjacken und Hüte, auch für Gäste, in allen Variationen parat.

Unser Hund Matisse liebt die gemeinsamen Stunden
im Garten genauso wie ich. Er jagt am Weiher
mit Vorliebe nach Libellen.

Von Opulenz und Schlichtheit

Der Garten verlangt jedes Jahr ein neues „Projekt"; ob es gilt, ein Spalier für Obstbäume, Rosen oder Wein aufzustellen, Blumenzwiebeln in die Erde zu verbringen oder das Staudenbeet nachzupflanzen. All das verlangt am Anfang des Jahres nach genauer Planung, denn für das Pflanzen der Setzlinge gibt es einen idealen Zeitpunkt. Nichts ist unbefriedigender, als sich an vielen Ecken zu verzetteln. Im Laufe der Jahre habe ich gelernt, mich von Überflüssigem zu trennen und mich auf das Wesentliche zu konzentrieren. Auch im Garten versuche ich schlicht zu bleiben: ich habe weiße Blumen um das Haus gesetzt, schaffe einfarbige Blütenmeere, die von keinen andersfarbigen Konkurrenten gestört werden. Das beruhigt das Auge. Der Garten ist wie eine Visitenkarte. Niemals sollte man als Besitzer

eines kleinen Gartens versuchen, den Schlosspark von Versailles zu imitieren, denn auch auf engem Raum können kleine optische Wunder entstehen.

„Nach einiger Zeit kennt man seinen Garten wie einen alten Freund. Man weiß, was er mag und was nicht."

Als Blickfang vor der überdachten Terrasse dient eine
Linde, die vor Hirschen geschützt werden musste.

Die überdachte Terrasse ist mein Lieblingsort, um den Tag zu beginnen. Von Blumen, schönen Stoffen und frischem Obst umgeben, fühle ich mich wie in den Ferien.

MORGENSTUNDEN

TAGESBEGINN IM FREIEN

Viele Menschen denken beim Frühstück im Garten an Ferientage im Süden: an einen ruhigen Ort, eine Terrasse vielleicht oder eine Gartenlaube, die bei einer Tasse Tee zum Zeitunglesen und zum Pläneschmieden einlädt. Ich habe es mir zur Gewohnheit gemacht, den Tag mit einem gemütlichen Frühstück zu beginnen und, sooft es irgend geht, dies im Freien zu tun.

Dazu bedarf es keiner allzu großen Mühe: man sucht sich eine windgeschützte, vielleicht sogar überdachte Ecke im Garten und stellt die Stühle mit Blick auf Blumen oder Bäume. Da ich kein Freund der Opulenz bin, besteht mein Frühstück lediglich aus frischen Beeren, Joghurt, Vollkornbrot, manchmal einem selbst gepressten Apfel-Karottensaft mit Ingwer und einem Espresso. Der ist allerdings ein *must*!

Einfacher Luxus

Ich bin der Ansicht, dass man gerade am Morgen sich selbst die Freude machen sollte, von schönen Dingen umgeben zu sein, die das Auge erfreuen und durch ihr Zusammenspiel wie Balsam für die Seele wirken. Deshalb bin ich auch dafür, Plastikflaschen und Tetrapacks radikal vom Tisch zu verbannen und aus der kurzen Zeit am Morgen ein kultiviertes Ritual zu machen.

Den Frühstücksplatz mit seinen Korbmöbeln habe ich mit Erinnerungsstücken eingerichtet: Alte Sonnenhüte, ein Metallengel und zwei chinesische Vasen machen aus der Terrasse einen Sommersalon.

DAS MITTAGESSEN

KÖSTLICHES IDYLL IM GRÜNEN

Einfach und unkompliziert. Entspannt und idyllisch. So plane ich Mittagessen im Garten, wenn Freunde oder Familienmitglieder zu uns kommen. Ein Mittagessen, das man bei gutem Wetter im Freien gibt, gehört zu den schönsten Möglichkeiten einer Gastgeberin, zu empfangen. Denn sie empfängt schließlich an dem Ort, der in ihrem Zuhause dem Paradies am nächsten kommt, bei blauem Himmel, Sonnenschein und Vögelzwitschern, vom leichten Duft der Blumen umhaucht.

> „Brigittes Dekorationen wirken immer sinnlich und fröhlich – sie hat echten Mut zur Üppigkeit, die vor allem durch die Einbeziehung der Natur wirkt."
>
> **Manuela v. Perfall, Autorin**

Auch wenn man nur einen kleinen Garten oder eine Terrasse hat, sollte man sich nicht scheuen, das Essen nach draußen zu verlegen. Es kommt dabei vor allem auf die Atmosphäre an: auf den schönen Blick, das Schattenspiel unter einer Pergola und natürlich

Drei Stunden vor dem Eintreffen der Gäste wird der Tisch gedeckt: Der Platz unter der Kastanie ist ideal für ein leichtes Mittagessen mit Zutaten aus dem Garten.

Weißes Geschirr lässt sich mit Zierkohl, grünem und gelblichem Obst aus dem Garten harmonisch kombinieren.

auf ein gutes leichtes Essen, das mit Gemüsen und Früchten der Saison zubereitet sein sollte.

Ich erinnere mich gerne an ein besonders lustiges und gelungenes Mittagessen, das wir vor einigen Jahren bei uns gegeben haben: Wir hatten im Garten ein großes Büffet aufgebaut, alles liebevoll dekoriert, ein Gitarrenspieler sorgte für musikalische Unterhaltung, viele Gäste waren eingeladen und wir waren glücklich über das schöne Wetter. Alles war perfekt, die Gäste nahmen ihren Drink – aber ehe wir es uns versahen, entlud sich ein gigantischer Wolkenbruch! Alle Gäste schleppten Tische und Stühle in Windeseile ins Haus, es tropfte und klebte, die schönen Servierplatten waren überschwemmt, kurz: es war das totale Chaos! Das Essen wurde

dann etwas chaotisch im Haus fortgesetzt, aber in fröhlicher Stimmung, denn die Gäste waren sich dank des gemeinsamen Umzugs schnell näher gekommen. Das zeigt, dass gerade in den Momenten, in denen alle mit anpacken und improvisieren müssen, eine tolle Stimmung entstehen kann.

Bunte Stars auf dem Mittagstisch

Bei einem Ladies' Lunch, einem Mittagessen mit Freunden oder Geschäftspartnern, das unter freiem Himmel stattfindet, versuche ich die opulenten Farben von Früchten und Gemüsen aus meinem Garten in die Dekoration des Tisches einzubeziehen. Das Gestalten mit frischen Produkten von Feld und Baum ist oft viel einfacher als die Komposition

Schlichtes Silber und niedrige Gläser wirken festlich,
lassen jedoch der Kohlparade in Weiß,
Grün und Lila den Vortritt.

von Blumensträußen. Ideal für die Tischmitte sind niedrige Gemüse in Töpfen, die man mit verschiedenen Blättern und Bändern verkleiden kann.

Die knackigen Stars in Rot und Lila, Grün und Orange, Pink und Gelb stellen selbst das schönste Geschirr in den Schatten. Denn die meisten Gäste sind von der eigentlich einfachen Idee, Essbares auf dem Tisch zu platzieren, begeistert.

Ideale Kombinationen sind:

- Grüne, weiße und violette Kohlköpfe mit gemusterten Salaten und Äpfeln
- Rote Beeren mit Lavendel
- Birnen und Äpfel mit Dillkraut
- Kapuzinerkresse und Zitronen

Man kann sie entweder auf schlichten Platten oder Schüsseln vom Flohmarkt dekorieren oder einfach direkt auf dem Tisch verteilen. Im Zweifel: lieber mehr als zu wenig! Für diese effektvolle Dekoration müssen Sie nicht in neues Geschirr investieren, denn es ist nicht schwer, passende Sets, Tischdecken und Teller im eigenen Schrank zu finden, die zu den vielfältigen Farben der Früchte aus dem Bauerngarten passen.

Mit der Idee, Essbares als Schmuck einzusetzen, stehe ich in einer alten Tradition. Denn um den dekorativen Effekt von Obst und Gemüse wussten auch die berühmten niederländischen Stilllebenmaler, die auf ihren Bildern kunstvoll arrangierte Pfir-

Für diese einfache Dekoration verkleidet man die Töpfe
des Zierkohls mit großen Platanenblättern
und befestigt sie mit Kordel.

siche, Trauben, Äpfel und Kohlköpfe verewigten.
Genau wie diese Künstler können wir auch heute
mit Farbnuancen und Schattierungen spielen und
die Natur für die Verzierung der Tafel einsetzen.
Nach dem Essen landet diese frische Dekoration
bei mir dann grundsätzlich in der Küche und wird
in den nächsten Tagen zu köstlichen Speisen wei-
terverarbeitet.

Noch ein paar Tipps:

Das Wichtigste für eine gelungene Einladung ist,
für Schatten zu sorgen! Stellen Sie den Tisch in
die Gartenlaube, auf die überdachte Terrasse, unter
einen Baum – oder unter den größten Schirm, den
Sie finden können!

Achten Sie bei der Zusammenstellung des Menüs
darauf, dass es so leicht wie möglich ist – zu einer
leichten Brise passt weder ein deftiger Fleischtopf
in sämiger Soße noch ein schwerer Rotwein.

Und wenn Sie Ihre Dekoration einige Stunden vor
dem Eintreffen der Gäste vollenden möchten, bedecken Sie den fertigen Tisch mit einem Laken, um
ihn vor herabfallenden Blättern, Vogelmist und na-
schenden Tieren des Gartens zu schützen.

„Das Geheimnis einer
gelungenen Einladung ist
eine entspannte Gastgeberin."

Die Fülle der Natur wird für das Mittagessen im Garten
neben dem Geschirr versammelt: Rosafarbene Rosen,
Dahlien und Löwenmäulchen warten mit frischen
Brombeerranken auf ihren Einsatz. Auch Steinmauern
können mit Früchten geschmückt werden.

Das leichte Sommermenü
Für 4 Personen

Vorspeise
Kalte Vichyer Rahmsuppe (Vichysoisse)
Das Weiße von 4 Lauchstangen und 1 große Zwiebel kleinschneiden. In 50 Gramm Butter dünsten, 300 Gramm geschälte, kleingeschnittene Kartoffeln dazugeben und mit 1 Liter Hühner- oder Gemüsebrühe aufgießen. Mit weißem Pfeffer würzen und etwa 30 Minuten kochen lassen. Mit dem Pürierstab mixen, 2 dl süße Sahne untermischen und nochmals aufkochen. Auskühlen lassen, in den Kühlschrank stellen. Die Suppe wird eiskalt mit geschnittenem Schnittlauch serviert. Am besten am Vortag zubereiten!

Hauptgang
Rotbarbe im Papier (pro Person rechnet man mit 2 Rotbarben)
2 Zucchini, 3 Karotten, 4 Tomaten und 2 Knoblauchzehen in dünne Streifen schneiden, in Olivenöl dünsten und etwas salzen. Pro Fischpäckchen ein Stück Butterbrotpapier mit Olivenöl bestreichen, erst etwas Gemüse, dann den Fisch und zum Schluss nochmals Gemüse darauflegen. Das Papier gut verschließen und mit etwas Eiweiß verkleben. Im vorgeheizten Ofen bei 180 Grad etwa 10 Minuten garen lassen.
Dazu passt geröstetes Brot mit feingeschnittenen Tomaten oder ein Safranrisotto – warum nicht beides? Außerdem ist eine große Schüssel Salat ein *must*!

Nachspeise
Frischer Pfirsichsalat mit Pfefferminze
Weiße Pfirsiche in große Stücke schneiden, mit Zitronensaft beträufeln und ein wenig braunen Zucker darüberstreuen. In den Kühlschrank stellen und später mit einer Kugel Vanilleeis servieren.

Dazu passt ein Grauburgunder, ein guter Roséwein oder ein hausgemachter Holundersaft.

Rezept Holundersaft
250 Gramm Holunderblüten in 3 Liter Wasser ansetzen und 24 Stunden stehen lassen. Abseihen, die Blüten wegwerfen und mit 5 Kilo Zucker in einem Topf köcheln lassen, bis sich der Zucker aufgelöst hat. 100 Gramm Zitronensäure (aus der Apotheke) dazugeben. Den Saft in Flaschen abfüllen. Er schmeckt wunderbar erfrischend, wenn man ihn mit Sprudelwasser, Sekt, Champagner oder Prosecco auffüllt!

Grüne Oase, Bio-Speisekammer und täglicher
Arbeitsplatz an der frischen Luft: Mein Garten
ist für mich das Zentrum unseres Zuhauses.

DOWN TO EARTH

VOM GLÜCK DES SÄENS UND ERNTENS

Für die Gestaltung des Gartens braucht man Geduld und Achtung vor dem Rhythmus der Natur. Man arbeitet mit lebendiger Materie, einem Boden, der regional unterschiedlich ist, und einem Klima, das nicht jede Pflanze akzeptiert. Auch ich musste, wie viele beginnende Gärtner, lernen, dass nicht jede Idee funktioniert. Ich habe im Laufe der Zeit Hunderte von Bäumen gepflanzt, Tausende von Blumenzwiebeln gesetzt. Manche der Pflanzen wollten nicht da gedeihen, wo ich mir das vorgestellt hatte.

Aber die Leidenschaft, die positive Ermunterung durch meine Umgebung und die Hilfe eines Gärtners haben mich bei all meinen Aktivitäten immer wieder ermutigt.

Als ich begann, unseren Garten anzulegen, habe ich zunächst in der direkten Umgebung des Hauses angefangen und mich dann peu à peu in das weiter entfernte Grün vorgearbeitet.

Mein erstes Terrain war die Terrasse. Ich platzierte zwei alte Terrakottatöpfe von Villeroy & Boch vis à vis und bepflanzte sie mit kleinblütigen Petunien in Lila und Rosa. An den Hauswänden rankte schon nach kurzer Zeit der wilde Wein und es entstand das erste große Hortensienbeet. Vor der Küche befanden sich bald riesige Tröge mit Petersilie, Basilikum, Rosmarin und Pfefferminze. Diesen „schnellen Küchengarten" habe ich auch heute noch, obwohl ich auch den weiter entfernt liegenden Bauerngarten hege und pflege. Neben der Schönheit gibt es beim Gestalten von Gärten eine wichtige Leitlinie: ein Garten sollte so angelegt sein, dass einem die Pflege nicht die Freude raubt. Also hieß meine Devise: Hände weg von vielen kleinen Beeten.

Mit der Erfahrung wurde auch mein Selbstvertrauen größer und ich habe gelernt, dass ein Garten aus „Zimmern" bestehen kann. Das Spannende an diesen Gärten ist, dass sie einem die Möglichkeit bieten, immer wieder etwas Neues zu entdecken.

Im Gemüsegarten ernte ich fast täglich Rosmarin, Basilikum, Dill und Schnittlauch für die Zubereitung von Salaten, Suppen und Fleischgerichten.

Unser Garten ersetzt mir den Einkauf auf einem
Biomarkt: wir ernten hier Kürbisse, Erdbeeren,
Artischocken, Tomaten und Äpfel.

So macht man es sich leichter:

- Suchen Sie sich robuste Pflanzen, die sich im heimischen Klima wohlfühlen und nicht zu viel Pflege brauchen – damit hat man schnellere Erfolgserlebnisse als mit Exoten.

- Lassen Sie etwas Fallobst für Insekten und Igel liegen.

- Nehmen Sie sich in arbeitsintensiven Phasen ab und zu einen Gärtnergehilfen, wenn Sie das schwere Umgraben oder Unkrautjäten nicht mehr schaffen. So bleibt der Garten eine echte Freude.

Man sollte sich in jedem Jahr nur ein größeres Projekt vornehmen: das kann der Kauf von neuen Kübeln sein, in die man Frühblüher setzt; oder eine mutige Neugestaltung – wie eine ganze Wiese symmetrisch mit Apfelbäumen zu bepflanzen, um unter ihnen einen Sitzplatz zu schaffen.

Inspirationen

Anregungen und Hilfe von Profis sind gerade auch für kleinere Gärten wichtig. Ich bewundere zeitgenössische Gartenarchitekten, wie den Belgier Jacques Wirtz, der in ganz Europa die erstaunlichsten

Folgende Seite: Dahlien sind die Zierde meines
Sommergartens: Ich pflanze sie in verschiedenen
Höhen und mit unterschiedlichen Blütenformen an.

Projekte realisiert. Er hat den Garten von Genfer Freunden angelegt und jedesmal, wenn ich durch diese Anlage gehe, ist das ein besonderes Erlebnis. Mit großem Interesse verfolge ich auch die Karriere von Hella Kreiselmeyer, einer Gartenarchitektin aus Merzig, die sich in letzter Zeit mit dem Europaprojekt „Gärten ohne Grenzen" in Luxemburg, Frankreich und im Saarland einen Namen gemacht hat und Schloss- und Klostergärten revitalisiert.

„Brigittes Garten ist wie sie selbst: bodenständig, fantasievoll und überraschend.
Ihr Garten ist die Inszenierung einer Naturoper."

Pierre Dillenburg, Freund u. Buchautor

Dahlien gibt es in zahllosen Zuchtformen und Farben. In Europa blühen sie im Sommer bis in den Herbst hinein.

Wichtige Leitlinien bei der Gartenanlage:

Machen Sie sich zunächst klar, nach welcher Façon Sie leben möchten:

In einem intimen Garten mit vielen Winkeln und hohem Wuchs? In einem Garten zum Verstecken und Genießen, einem Rückzugsort mit viel Schatten? Oder in einer großzügigen Anlage mit weiten Sichtachsen, in der man sich und sein Haus präsentieren kann?

Kreieren Sie Farbharmonien: zum Beispiel monochrome Beete in Blau- und Lilatönen oder Hostas.

Achten Sie auf genügend Freiraum, damit sich alle Pflanzen entfalten können.

Für mich gilt im Garten genau dasselbe Prinzip wie für Menschen: Lass Deiner Seele freien Raum; dekorier Dich nicht zu; verkleide Dich nicht.

Gladiolen in Weißrosa und Orange geceihen am besten in einer windgeschützten Ecke – und wirken am schönsten in kleinen Gruppen.

Bodenständig und gemütlich ist unser Brotzeitplatz vor
dem Haus, den ich mit frischen Kräutern
aus dem Garten schmücke.

BROTZEIT

DIE BODENSTÄNDIGE JAUSE

Knackige rote Radieschen, Kümmelbrot und frische Salzbutter – zu einer deftigen Brotzeit kann
man ab vier Uhr Nachmittags einladen und hat den
Vorteil, dass man sich das Abendessen spart. Nach
einem langen Spaziergang oder der Arbeit im Garten gibt es nichts Besseres, als sich bei Abendsonne
an einem gemütlichen Platz niederzulassen und zu
„schmausen".

„Backen Sie Ihr eigenes Brot und schneiden Sie es gemeinsam an."

Für eine informelle Einladung im Garten oder auf
der Terrasse eignet sich diese bodenständige Form
der Bewirtung sehr gut. Die Brotzeit ist schnell her-
gerichtet – und doch gibt es kaum eine gemütlichere
Art, Speis und Trank zu teilen, als mit Freunden an
einem langen Tisch ein dickes Stück Wurst abzu-
schneiden und ein Bier zu trinken. Selbst bei einem
Dutzend Gäste ist eine Brotzeit in kurzer Zeit vor-
bereitet.

Wichtige Zutaten sind:

■ Ein großer Korb mit verschiedenen Brotsorten

■ Regionaler Käse und Butter auf Brettern angerichtet

■ Radieschen, geschnittener Rettich, eine Salz- und eine Pfeffermühle

■ Ein Korb mit Gurken und Tomaten

Die Brotzeit war ursprünglich eine Mahlzeit, die Bauern und Handwerker während ihres Arbeitstages zu sich nahmen: ob auf dem Feld, in der Küche oder in der Werkstatt – überall konnte man sich mit Brot, Schinken und einer Maß Bier niederlassen. Davon kann man sich auch im eigenen Zuhause inspirieren lassen: Eine Brotzeit kann man auf der Wiese, auf dem Balkon, in der Küche oder auch in einer ausgeräumten alten Remise herrichten.

Einfach und gut: Brot, Radieschen, Wurst und Rotwein – mehr braucht man nicht vor einer schönen Kulisse.

Für eine wirklich gute Brotzeit kommt es auf die Qualität der Produkte an: Besorgen Sie Käse und Butter aus der Region, suchen Sie Bio-Wurst auf dem Markt. Achten Sie besonders auf die Auswahl der Brote: Besorgen Sie Sauerteigbrot mit Kümmel und Anis, Körnerbrote, Semmeln oder Dinkelstangen. Eine effektvolle Alternative dazu ist ein großes selbst gebackenes Brot, das man als Solitär in die Mitte des Tisches legt.

Für die Dekoration eignen sich alle Accessoires, die einen ländlichen Bezug haben:
Karierte Decken und Servietten, Leuchter aus Geweihen oder Holz mit grünen Kerzen, Bierkrüge aus Steingut, Zinn oder Glas und frische Kräutertöpfe. Dazu passen Messer mit Holz- oder Perlmuttgriffen und große Pfeffermühlen. Wem nackte Bierbänke und -tische zu rustikal sind, kann sie mit Stoff verkleiden.

Dinkelbrot mit Nüssen

500 Gramm Dinkelmehl, 250 Gramm Roggen-Vollkornmehl und 250 Gramm Dinkelschrot vermischen. Eine Mulde formen, 1 Würfel frische Hefe hineinbröckeln und mit einer Prise Zucker bestreuen. ½ Liter Buttermilch anwärmen und ein Viertel davon lauwarm über die Hefe gießen. Mit einer Gabel mit etwas Mehl vom Rand verrühren, bis sich die Hefe aufgelöst hat. Diesen Vorteig lässt man eine Viertelstunde zugedeckt gehen.

Nach der Wartezeit die restliche Buttermilch, 150 Gramm flüssigen Sauerteig (aus dem Bioladen), 100 Gramm gehackte frische Walnüsse und 1 Esslöffel Salz zum Vorteig geben. Mit den Knethaken des Mixers kneten, bis der Teig geschmeidig wird. Eventuell etwas Wasser hinzugeben. Den Brotteig zugedeckt etwa eine Stunde gehen lassen, bis sich sein Volumen verdoppelt hat. Den Teig auf einer bemehlten Fläche zu einem runden Laib formen, auf ein mit Backpapier belegtes Blech geben und zugedeckt 30 Minuten nochmals gehen lassen.

Den Backofen auf 200 Grad vorheizen. Das Brot mit Wasser bepinseln, in den Ofen schieben und etwa eine Stunde backen.

Folgende Seite: Ein selbst gebackenes Brot als Solitär ist ein Blickfang auf jedem Tisch.

DAS GRÜNE ATELIER

BLUMEN-ARRANGIEREN LEICHT GEMACHT

Meine größte Freude am eigenen Garten sind Blumen und Sträucher und damit die Möglichkeit, zu jeder Jahreszeit frische Sträuße für Vasen zusammenzustellen. Das Arrangieren von Blumen zu Kränzen, Buketts oder kleinen Sträußchen ist für mich ein Ritual, bei dem ich mich entspanne und meiner Fantasie freien Lauf lasse. Ich habe mir in einer windgeschützten Ecke vor der roten Steinmauer ein eigenes kleines „Floristenatelier" geschafft. Mittelpunkt dieses Arbeitsplatzes ist ein alter Brunnen, der früher vor der Abtei in Mettlach stand und mir heute als Quelle dient.

Arbeiten wie ein Profi

Wenn man regelmäßig Sträuße aus dem eigenen Garten bindet, sollte man es machen wie die Profis: einen strategisch gut platzierten Ort suchen, an dem man bequem arbeiten kann. Mit einem robusten, großen Tisch, auf dem auch langstielige Gewächse Platz finden und mit einer nahen Wasserstelle, an der selbst sperrige Vasen leicht zu füllen und zu säubern sind. Außerdem lohnt sich die Anschaffung von flachen Körben, um die geschnittenen Blumen zu transportieren und Grünabfälle auf den Kompost oder in den Biomüll zu bringen.

Mein schönster Arbeitsplatz ist der Tisch am alten Steinbrunnen, an dem ich meine Sträuße für das Haus zusammenstelle.

Damit diese Vase optimal wirkt, arbeite ich mit einem
ganzen Arm voller Blumen: Üppiger Rittersporn und
rosafarbener Phlox bringen Gartenfülle ins Haus.

Das Gartenjahr

Das Gartenjahr beginnt bei mir schon im Dezember.
In dieser Ruhezeit der Natur schneide ich Kirsch-
zweige, stelle sie in eine große Vase und freue mich,
wenn sie am Barbaratag blühen. Im Frühjahr füllen
meine Vasen Sträuße aus Narzissen und Oosterglo-
cken und ich pflanze Mini-Hyazinthen und Mus-
cari in Gläser und in ausgefallene Gefäße. Im Sommer verbringe ich Stunden an meinem Arbeitsplatz
im Freien, drapiere Alchemilla, Rosen, Phlox und
Blattwerk zu bunten Buketts und gestalte Sträuße
mit Hortensien. Im Herbst schneide ich die Fette
Henne und arrangiere sie mit Rosen und Hortensien, diese Kombination der morbiden Farben passt
perfekt zur Herbststimmung.

Meine Blumen für die Vasen schneide ich während
der warmen Jahreszeit entweder frühmorgens oder
am Abend, dann hat die große Hitze sie noch nicht
geschwächt und sie verwelken nicht so schnell. Die
Sträuße sind immer ein Spiegelbild des Gartens,
das „aktuelle Angebot" der Beete und Sträucher gibt

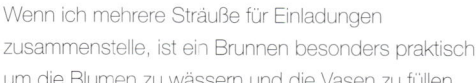
Wenn ich mehrere Sträuße für Einladungen
zusammenstelle, ist ein Brunnen besonders praktisch,
um die Blumen zu wässern und die Vasen zu füllen.

mir die Vorgaben. Besonders traurig bin ich, wenn
ich aus Anlass einer Tischdekoration mir bestimm-
te Ideen gemacht habe und dann sind zum Beispiel
die Rosen verregnet und der Rittersporn ist wieder
einmal den Wühlmäusen zum Opfer gefallen.

„Nutzen Sie das Angebot des
Gartens und kreieren Sie
Sträuße à la carte!"

Für Ihr Gartenatelier empfehle ich Ihnen:

- Hochwertige Gartenscheren – lassen Sie sie
  regelmäßig schärfen!
- Steckmasse in verschiedenen Größen.
  Sie verleiht Blumen Halt und ist unumgäng-
  lich, um großen Sträußen in der Vase eine
  Form zu geben.
- Die Anschaffung von Gartenschürzen, schöner
  Körbe und leichter Stoffhandschuhe.

Die Teestunde wird in sanften Tönen von Creme und Pink mit Rosen, Baisers und Blumengeschirr zelebriert.

TEESTUNDE

INTERMEZZO MIT CHARME

Eine Einladung zum Tee in den Garten hat für mich etwas Englisches und Weibliches. Ich freue mich darauf, Freundinnen einzuladen, auf einen Nachmittag voller herrlicher Geschichten und kleiner Geheimnisse. Das Thema Garten spielt eine wichtige Rolle. Man tauscht Erfahrungen aus und bekommt den einen oder anderen Tipp, zum Beispiel, dass die eine Staude viel besser im Schatten gedeiht oder dass das neue Bewässerungssystem doch nicht gut funktioniert. Auf meinem Teetisch stehen Kuchen mit Früchten der Saison, Obst aus dem Garten – und ein paar Petits Fours und Baisers.

Für einen Teetisch eignen sich:

- Blumen und Servietten, die mit den Kuchenfarben harmonieren.
- Als Alternative zum Silber: Bestecke aus Edelstahl mit bunten Kunststoffgriffen in Rosa, Hellblau oder Weiß.
- Teller und Tassen mit fröhlichen Obst- oder Blumenmotiven.
- Kandierte Rosenblüten, Veilchenblätter oder Eisenkrautblätter statt Zucker – in Feinkostgeschäften zu kaufen.
- Petit Fours und Baisers in bunten Farben.

Mein Tipp:

Servieren Sie zwei verschiedene Teesorten, zum Beispiel eine Kanne Darjeeling und einen Earl Grey oder Russian Caravan Tea. Auch ein grüner Sencha oder ein Weißer Tee sind eine gute Wahl. Schwarzer und Grüner Tee besitzen gesundheitsfördernde Ei-genschaften; sie beruhigen Seele und Magen und sind ideale Begleiter für Gebäck. So empfiehlt der berühmte Pariser Pâtissier Pierre Hermé zu seinen süßen Kreationen ausdrücklich Tee, weil durch ihn – im Gegensatz zum Kaffee – der Eigengeschmack von Kuchen hervorgehoben wird.

Der Freilandrosenstrauß gibt die Farbpalette des Tisches vor und harmoniert mit den Baiser-Wolken und Beeren des Kuchens.

„Servieren Sie zur Abwechslung einmal Grünen Tee mit Pfefferminze aus dem Garten – oder einen kräftigen Aufguss mit Zitronenmelisse."

Die überdachte Terrasse ist mein Lieblingsplatz für Teestunden. Ich biete immer selbst gemachten Kuchen mit Obst aus dem Garten an.

Die Tee-Blumen par excellence sind Rosen, am liebsten üppige Freilandexemplare in zarten Pastellfarben, die das cremige Weiß der Baisers und das Rosarot der servierten Früchte aufnehmen. Damit man die Rosen nicht nur sieht, sondern auch schmeckt, kann man etwas Rosenwasser (aus der Apotheke) an Crememischungen und Kuchenteige geben; auch Rosenblütenkonfitüre eignet sich als dünne Tortenfüllung von Biskuitkuchen, als Aufstrich für selbstgebackene Scones oder gekühlt auch pur als Dessert.

Die klassischen Petit-Fours mit ihren Zuckerglasuren sind schöne Blickfänger – jeder gute Konditor kreiert sie gerne nach besonderen Farbwünschen.

Himbeer-Baiser-Torte mit Zitronencreme

Für 4 Baiserböden

8 Eiweiß zu steifem Schnee schlagen, 500 Gramm Puderzucker durch ein Sieb geben, mit dem Saft einer unbehandelten Zitrone vermischen und 10 Minuten weiterschlagen. Vier gleich große Teile der Baisermasse auf ein mit Öl bepinseltes Blech dünn ausstreichen. Bei 50 Grad 4 bis 5 Stunden im Backofen bei leicht geöffneter Tür trocknen lassen.

Füllung

2 Blatt Gelatine in kaltem Wasser einweichen, 2 Eigelb mit 40 Gramm Fruchtzucker verrühren, 150 Gramm Magerquark, 3 Esslöffel Joghurt, Saft und Schale einer unbehandelten Zitrone hinzugeben. Die Masse im Wasserbad so lange schlagen, bis sie dickflüssig wird. Gelatine ausdrücken und in die Creme geben. 20 Minuten kalt stellen. Auf 3 der 4 Baiserböden je ein Drittel der Creme verstreichen und mit Himbeeren belegen. Die fertig belegten Böden zu einer Schichttorte aufeinandersetzen. Den letzten Boden mit Himbeeren und Pfefferminze dekorieren. Mit Puderzucker bestäuben.

Früchte und Blumen sollten sich am Teetisch möglichst nah kommen: heute sind die Teller mit gemalten Beeren und echten Blüten geschmückt.

HAPPY BIRTHDAY

DER GARTEN ALS
KINDERPARADIES

Topfschlagen, Sackhüpfen, Kuchenschlachten, Verkleidungswettbewerbe – als Mutter von vier Kindern war ich immer froh, wenn sich die Geburtstage bei schönem Wetter im Garten abspielten. Wer einmal ein Dutzend Zweitklässler im Haus bei Dauerregen unterhalten und anschließend zermatschte Gummibärchen vom Sofa entfernt hat, weiß genau was ich meine. Für die Ehrentage meiner Kinder habe ich – soweit möglich – immer ein Outdoor-

„Im Garten ist ein Kindergeburtstag garantiert kein Stress für die Eltern!"

Programm geplant. Was haben wir nicht alles erlebt an Wasserschlachten, Modenschauen und Ritterfesten bei Wind und Wetter! Der Fantasie sind bei Feiern mit Kindern keine Grenzen gesetzt: da kann man Kränze aus Blumen flechten, Schnitzeljagden im Wald veranstalten, den Garten in eine Bühne für verkleidete Feen verwandeln oder geheime Botschaften in Flaschen im Waldbach versenken. Im Garten sind alle entspannt: die jungen Gäste, die rennen und schreien dürfen – und die Eltern.

Spiel & Spaß

Wenn die Kleinen noch in den Kindergarten gehen, sollte man nur wenige Kinder einladen und abwechslungsreiche Spiele im Freien vorsehen: In diesem Alter sind die jungen Gäste glücklich, wenn sie mit Fingerfarben auf großen Papierbögen malen dürfen, aus selbst gesammelten Blättern, Erde und Leim bunte Mosaikbilder kleben oder mit Lebensmittelfarbe und Wasser Experimente veranstalten.

Ein fröhlich bunter Tisch mit Kuchen in Tierform (vom Konditor) und Früchten, die man mit der Hand essen darf, kommt immer gut an.

Wenn die Kinder alt genug für lange Wanderungen sind, ist eine Schnitzeljagd mit altersgemäßen Aufgaben und Fragen in jeder Jahreszeit ein Erfolg. Zum Abschluss des Tages bringt – nach den lauten Laufspielen – ein selbst organisiertes Kasperletheater die wilde Bande mit Sicherheit zur Ruhe. Damit die Vorstellung auch wirklich klappt, sollten die Eltern das Stück vorher einmal durchspielen und eventuell Freunde bitten, ihnen zu helfen, denn Kinder sind ein anspruchsvolles Publikum!

Ideen für Aktivitäten im Garten:

- Stecken Sie für das Eierlaufen einen Kletter-Parcours über Steine, um Bäume und durch Sträucher ab.

- Spannen Sie für das Rosenschneiden eine Schnur zwischen Bäumen und hängen Sie mit Süßigkeiten gefüllte Säckchen daran. Die Kinder können sie dann mit verbundenen Augen abschneiden.

- Als Geschenke zum Mitnehmen: Lassen Sie die

Wenn ganz kleine Gäste kommen, sorge ich für passende Stühle und Tische. Es sitzt sich einfach besser.

Das Kasperletheater wird bei uns seit Jahrzehnten
eingesetzt – mein Mann hat es einmal für
unseren Sohn Franziskus selbst bemalt.

Kinder Lavendel schneiden und in selbst-
genähte Säckchen geben. Binden Sie mit ihnen
Sträußchen aus Kräutern und Blumen, die in
Senfgläser gestellt und mit Stoff und Taft-
bändern umwickelt werden.

Kleine Köstlichkeiten

Auf das traditionelle Kuchenessen zu Beginn der
Feier freuen sich viele Kinder besonders. Ich deko-
riere die Tische bei Kinderfesten immer in bunten
Farben und verwende einfaches Porzellangeschirr,
hübsche Decken, Holztiere und Süßigkeiten für die
Dekoration. In der Mitte prunkt der große Kuchen,

auf dem die Kerzen nicht fehlen dürfen. Außerdem
decke ich gerne Schokoladenmuffins, Mini-Tarte-
letts und Petit-Fours dazu, die die Kinder leicht
mit der Hand essen können. Wenn man den langen Tag mit einem Abendessen ausklingen lassen
möchte, kann man am Grill, Kamin oder offenen
Feuer Würstchen, Folienkartoffeln und Maiskolben
gemeinsam mit den Kindern zubereiten. Auch hier
kann man als Gastgeberin gesunde Alternativen
zu den klassischen Pommes Frites rot/weiß bieten:
bunte Dips wie Cocktailsoße, Avocadocreme und
Olivenpaste lieben viele Kinder sehr, wenn man sie
in Herzförmchen füllt.

Angeleitete Aktivitäten sind für die Kleinen unerlässlich:
Am schönsten ist es, wenn sie die Ergebnisse mit
nach Hause nehmen können oder einen Preis!

Nach dem Essen kann man mit den kleinen Gästen am offenen Feuer oder am Kamin sitzen, Geschichten erzählen und noch ein paar Lieder singen, bis die Eltern kommen. Beim Feuerschein dem abendlichen Flug der Vögel zuzusehen, Geräusche zu definieren und selber Musik zu machen, statt einen CD-Player anzustellen, ist unvergesslich. Spannend ist es für Kinder immer dann, wenn sie etwas nicht Alltägliches erleben und später davon erzählen können.

„Der Erfolg ist sicher, wenn die Kinder Ketten aus Süßigkeiten basteln, Kuchen dekorieren und mit Wasser spielen dürfen."

Zu Kuchen in Tierform erzähle ich oft eine selbst erfundene Geschichte, bevor er dann kollektiv geschlachtet wird.

Tipps für Eltern von eingeladenen Kindern:

■ Denken Sie nicht nur daran, der Gastgeberin für ihre Mühe zu danken, sondern bieten Sie vielleicht schon im Vorfeld Ihre Unterstützung an: Übernehmen Sie Hin- und Rückfahrten und helfen Sie am Ende des Tages beim Anziehen der Geburtstagsgäste.

- Eltern, deren Sprösslinge bei Freunden
  eingeladen sind, sollten nicht davon ausgehen,
  am Ende eines Kinder-Marathontages selbst
  noch bewirtet zu werden. Nach all dem Trubel
  sind die meisten Organisatoren froh,
  wenn rasch Ruhe einkehrt.
- Wenn Sie Blumen im Garten haben, machen
  Sie es wie die Holländer, die nicht nur dem
  Kind Geschenke machen, sondern auch der
  Mutter Blumen bringen.

Tarteletts
Zutaten für 12 Tartelettförmchen (7 bis 8 Zentimeter Durchmesser)

250 Gramm Mehl mit 100 Gramm Puderzucker, Zitronenschale, etwas
Salz und 125 Gramm Butter und 1 Ei verkneten. 1 Stunde kalt stellen.
Den dünn ausgerollten Teig in die eingefetteten Förmchen geben. Im auf
200 Grad vorgeheizten Ofen rund 15 Minuten backen. Abkühlen lassen
und stürzen.

Für die Creme 4 Blatt Gelatine in kaltem Wasser einweichen. 300 Gramm
Joghurt mit 250 Gramm Sahne und 3 Löffeln Puderzucker vermischen.
Die aufgelöste Gelatine unter die Creme rühren und eine halbe Stunden
kalt stellen. Die Creme aufschlagen, in die Tarteletts geben und mit bunten Beeren der Saison dekorieren.

„Kleine bunte Obstkuchen sind ideal, damit sich die Kinder nicht nur mit Süßigkeiten vollstopfen."

Ob in Form eines Kuchens, aus Stoff unter dem Arm oder ganz lebendig: Tiere und Kinder gehören zusammen.

THE PICNIC

DIE FEINE ENGLISCHE ART

Von unseren Nachbarn in England können wir nicht nur lernen, wie man großartige Pferderennen organisiert, formvollendet einen Regenschirm spazieren trägt und guten Tee bereitet, sondern auch wie man mit Stil ein Picknick organisiert. Seit vielen Jahren bewundere ich ihr Talent, aus dem Essen auf dem Rasen gesellschaftliche Events zu machen, wie bei den Festspielen von Glyndebourne, bei denen die Musikliebhaber in den Pausen ihre Decken ausbreiten, sich in eleganten Seidenkleidern und großen Hüten auf den Boden setzen und zu Lachssandwiches rosa Champagner trinken. Das gehört zum englischen Leben wie der Regen. In den vielen Parks werden große Picknicks mit klassischer Musik veranstaltet, bei denen der Inhalt der Körbe auch mal mit dem Nachbar geteilt wird. Picknick hat etwas sehr Unkonventionelles und bedeutet Freiheit, Gemeinsamkeit und Fröhlichkeit.

Kunst des Improvisierens

Natürlich drohen beim Picknick oft böse Überraschungen: manchmal ziehen dunkle Wolken auf und ein plötzlicher Schauer veranlasst zur Flucht ins Trockene; mal setzt man sich aus Versehen in einen Ameisenhaufen oder wird von einem Wespenschwarm überfallen. Doch ein Picknick auf der Wiese, einer Waldlichtung oder unter dem Lieblingsbaum ist immer ein Höhepunkt des Sommers.

Prachttafel auf der Wiese: Brot, Käse, Wurst und Sommerobst sind in Körben zu einem ländlichen Festmahl bereitet.

Mit der alten Gartenkarre fahre ich Sonnenschirme und Decken zum Picknickplatz.

Zum Essen im Freien versammeln sich gerne alle Generationen der Familie – auch unsere Hunde.

Grundsätzlich gilt:

- Bereiten Sie viele Speisen vor, die man mit den Fingern essen kann.
- Investieren Sie in einen großen Picknickkorb mit Geschirr – dieses Stück holt man lieber aus dem Schrank als eine Plastikkühltasche!
- Keine Panik falls es regnet: Man kann ein Picknick auf den nächsten Tag verschieben!

Bei uns zuhause organisieren wir Picknicks meist ganz spontan: wir tragen Körbe und Tabletts mit Brot, Käse, Obst und selbst gemachten Kompotts in Einmachgläsern unter einen Baum, fahren Sonnenschirme, Kissen und Decken an den Ort des Vergnügens und richten uns für ein paar Stunden gemütlich ein.

Wenn man sich für eine Einladung zu einem Picknick entscheidet, setzt man als Gastgeber bewusst starre Konventionen außer Kraft: bei dieser lockeren Geselligkeit gibt es keinen Zwang der Tischordnung; man isst im Sitzen, Liegen oder Stehen und probiert von allen Speisen in der Reihenfolge, die einem gefällt. Alle helfen mit: einer übernimmt die Aufgabe, die Melonen zu schneiden, mit denen man später ein Kerneweitspucken veranstaltet; ein anderer entkorkt den Wein und jemand kümmert sich um das Einschenken des Cafés, den man in Thermoskannen mitgebracht hat. Am schönsten ist es, wenn ein Gast ein Musikinstrument hervorholt und man zu bekannten Melodien gemeinsam singt. Dann spielt weder das Wetter eine Rolle, noch die Ameisen, in Erinnerung bleibt die Zeit des Miteinanders.

Feine Sandwich-Pakete

Vollkorntoast-Scheiben diagonal halbieren, die Rinde entfernen und mit Salzbutter bestreichen. Räucherlachs oder Forellenfilets darauflegen, mit Zitronensaft beträufeln und mit hauchdünnen Gurkenscheiben bedecken. Mit feinen, blanchierten Lauchstreifen zu einem hübschen Paket zusammenbinden.

Picknick-Basics:

Wichtigstes Stück bei jeder Art von Picknick ist ein wunderschönes Tuch, auf dem die Speisen präsentiert werden: zum Beispiel eine karierte englische Decke, ein französischer Jacquard-Stoff, ein italienischer Grandfoulard im Renaissance-Stil oder ein blauweiß kariertes Tuch. Achten Sie darauf, dass diese Stoffe gut waschbar sind!

Zu einem Picknick gehört ein kühler Rosé, den man in
schönen, aber unempfindlichen Gläsern serviert.

Darunter gehört unbedingt eine isolierende Matte, die vor Nässe und Flecken schützt. Denken Sie auch an dekorative Kissen, Sonnenhüte, Wolljacken und Capes für leicht fröstelnde Damen.

Lässig oder elegant

Die Vorbereitung eines Picknicks und die Suche nach einem geeigneten Platz im Freien kann großen Spaß bereiten und eine Herausforderung für die Fantasie sein. Plant man es ganz klassisch unter der Linde, romantisch am Bach oder auf dem Balkon, den man im marokkanischen Stil mit Bodenkissen, bunten Laternen und farbigen Kelims in eine orientalische Picknickstätte verwandelt?

Die nächste Entscheidung besteht darin, ob man am Vortag alle Speisen selber zubereitet oder bei

Ein großer Picknickkorb ist nicht nur ideal für den sicheren Transport von Geschirr, sondern bietet auch viele Dekorationsmöglichkeiten.

größeren Gruppen einen Caterer beauftragt, salzige Quiches, Pflaumen im Speckmantel und Mini-Gemüse in Dip-Schalen vorzubereiten.

Ob lässig, elegant, geplant oder improvisiert: bei der Auswahl des Geschirrs bleibe ich altmodisch. Ich benutze nur schöne Porzellanteller und gute Gläser, denn auch im Sitzen auf dem Rasen hat Essen etwas mit Stil zu tun.

„Ein gelungenes Picknick ist schöner als ein Besuch in einem Gourmet-Restaurant."

Prachttafel am Weiher: Die Natur bietet das schönste Bühnenbild für eine romantische Abendeinladung.

DINER UNTER STERNEN

DIE NÄCHTLICHE FREILICHTINSZENIERUNG

Das furiose Finale. Eine Einladung zum Diner im Freien unter dem Sternenzelt ist die kreative Kür. Man kann mit der Natur wahre Bühnenbilder entwerfen und ein Event für alle Sinne kreieren. Ich erinnere mich an viele Abende, die ich an langen Tafeln mit Freunden erlebt habe, an Tische mit bodenlangen Decken, Kerzen, die in Windlichtern brennen und durch ihr Licht die Kulisse verzaubern, an spektakuläre Sonnenuntergänge, Mondschein und Sterne und zirpende Grillen. Eine geschenkte Inszenierung der Natur machen diese Essen im Freien so romantisch und unvergesslich.

Schöne Plätze für ein Sternendiner:
- Eine Terrasse mit Blick auf den Sonnenuntergang.
- Eine Laube, die mit vielen Teelichtern dekoriert ist.
- Ein Tisch unter einem Baum.

Oft hängt die Wahl des Ortes von der Zahl der eingeladenen Gäste ab. Grundsätzlich sollte man keine Angst vor ungewöhnlichen Plätzen haben. Mit diesem Schritt folgt man als Gastgeber Vorbildern aus dem 17. und 18. Jahrhundert: Bevor das Esszimmer in Mode kam, war es in Europa Tradition, die Tafel an dem Platz aufzustellen, der gerade am geeignetsten erschien. Berühmt waren Ende des 17. Jahrhunderts die legendären Feste des Sonnenkönigs, der im Schlossgarten von Versailles neben Wasserspielen und vergoldeten Statuen Buffets und

Tafeln aufbauen ließ, die nach einer Nacht wie von Zauberhand wieder verschwanden.

Auch wenn man keinen Schlossgarten hat, kann man an Orten speisen, die vielleicht nicht die praktischsten, aber die schönsten sind. In einem Hof, auf der Dachterrasse, am Gartenzaun mit Blick auf eine Kuhweide – der Fantasie sind keine Grenzen gesetzt. Niemand wird erwarten, dass an einem Abend im Freien alles perfekt verläuft – dafür sitzen die Gäste am Waldrand, in einem Bootshäuschen oder unter einer nach Blüten duftenden Pergola.

Seerosen aus dem Teich und Gräser bringen die Elemente der Natur auf den Tisch. Große Windlichter, eine gemusterte Jacquard-Decke und eine antike Karaffe machen aus dem einfachen Gartentisch eine spektakuläre Tafel.

Damit der Abend sowohl für Gäste als auch Gastgeber unvergesslich wird, sollte man den Aperitif und das Essen an unterschiedlichen Orten vor verschiedenen grünen Bühnenbildern servieren. Grundsätzlich gilt: Wenn der Esstisch weit entfernt von der Küche steht, sind Beistelltische für Getränke und Geschirr sehr hilfreich. Und bei größeren Runden empfiehlt es sich, Familienmitglieder oder bezahlte Helfer zum Servieren zu organisieren, damit die Gastgeber nicht ständig hin- und herlaufen müssen.

„Keine Angst vor ungewöhnlichen Plätzen! Je ausgefallener, umso besser."

Gespräche in einer lauen Sommernacht, die nur von Kerzenschein erhellt wird, besitzen eine eigene Magie: der Blumenduft, der sanfte Schimmer des Geschirrs und die leichte Bewegung der Gräser können verzaubern.

Arbeitszimmer einer Designerin auf dem Stadtbalkon:
zwei Buchsbäume und weiße Rosenstöcke machen
die klassizistische Terrasse zu einem Freiluftatelier.

URBANE OASEN

GRÜNE VERSTECKE IN DER STADT

Die Nähe zur Natur ist ein Urbedürfnis des Menschen. Auch überzeugte Stadtbewohner, die den schnellen Rhythmus von Metropolen lieben, träumen spätestens in der schönen Jahreszeit davon, sich inmitten des Häusermeers aus Beton und Glas eine grüne Oase zu schaffen: einen Balkon, der mit Kletterrosen und Kamelien bewachsen ist; eine Terrasse mit Springbrunnen und Orangenbäumchen; oder einen Hinterhof, aus dem man einen Wandelgarten mit Hecken und umrankten Sitzplätzen macht.

Solche selbst geschaffenen Hideaways bieten Erholung vom hektischen Alltag in klimatisierten Büros und stickigen U-Bahnen. In Stadtgärten kann man Naturbilder aus Kindertagen schaffen, den Duft des Lavendels aus Südfrankreich nach Hause holen

oder beim Rauschen des Bambus von einer Reise nach Asien träumen. Urbane Gärten dienen aber nicht nur der Flucht. Gerade hier finden innovative Gestalter große Herausforderungen, denn die ästhetische Beschäftigung mit Pflanzen kann genauso erfüllend sein wie das Interesse für Oper, Mode oder Bildende Kunst.

Neue Stadtgärten

Die vielfältigen Gestaltungsmöglichkeiten bei der Anlage von Stadtgärten haben mich immer fasziniert – und gerade im beginnenden 21. Jahrhundert erleben wir eine neue Generation von Gartenarchitekten und Gestaltern, die Ideen entwickeln, um den steigenden Anteil der Bevölkerung, der in den Ballungszentren lebt, mit Grün zu umgeben.

Auch auf relativ geringem Raum kann man er-
staunliche grüne Zimmer schaffen: moderne, ter-
rassenförmig angelegte Gärten verdoppeln optisch
die Fläche für Pflanzen; kleine Wasserbassins mit
Schilf und Seerosen schaffen Biotope für Vögel und
Insekten; aus Innenhöfen entstehen stimmungs-
volle Patios mit großblättrigen Pflanzen. Allwetter-
Korbmöbel und Sonnensegel runden das Bild ab.

Höfe eignen sich besonders für kleine Labyrinthe aus Buchs oder für einen englischen Mini-Garten mit Staudengewächsen und einem prächtigen Baum, unter dem man sitzen kann. Ganz neu ist der Trend der „Green Walls", vertikal bepflanzter Fassaden, wie sie der Gartenkünstler Patrick Blanc in Paris im Innenhof des Hotels Pershing Hall und im Musée Quai Branly zeigt. Dabei überwuchert das Grün die Mauern komplett und erobert sich so triumphierend seinen Platz zurück.

> „Laden Sie Ihre Freunde
> zur Gartenarbeit und zum
> anschließenden Drink ein –
> wie der englische König
> Edward VIII.!"

Sowohl bei der Anlage eines vertikalen Gartens, eines Balkons oder eines kleinen Stadtgartens lohnt sich die Hilfe von Fachleuten: viele Floristen liefern schwere Töpfe, Bäumchen und dazu die Erde in hoch gelegene Balkone. Baumschulen schaffen sogar ausgewachsene Weidenbäume, Bambuskübel und Buchen auf Hausdächer. Ob Garten, Balkon oder Terrasse: urbane grüne Oasen werden schnell zu beliebten Zielen von Freunden, die nur allzu gerne aus ihren Wohnungen fliehen und statt ins Fitness-Studio zu gehen, die Pracht der Bepflanzung genießen und ganz nebenbei vielleicht ein paar verwelkte Blüten zupfen.

Aperitif auf der Treppe: Hauseingänge lassen sich mit Buchskugeln und Agapanthuspflanzen zu Sitzplätzen verwandeln, die am Abend von Kerzen beleuchtet werden.

Reminiszenzen an die Südsee: Bananenblätter als Tischläufer, Ananas, Zucchiniblüten, Fisch und ein farbenfroher Cocktail wecken karibische Sehnsüchte.

DIE GRILLPARTY

DIE OPEN-AIR-KÜCHE

Sommerzeit ist Grillzeit. Die leuchtenden Farben von frischem Gemüse, der Geruch von gebratenem Fisch und das Klirren der Eiswürfel im Begrüßungsdrink bieten schon beim Ankommen im Garten intensive sinnliche Eindrücke. Für mich gehören Grillfeste zum Sommer wie der Adventstee zum Winter. Für den Gastgeber sind Einladungen zum Grillen eine gute Möglichkeit, zahlreiche Gäste zwanglos einzuladen, auch mal spontan. Freunde kommen auch deshalb gerne, weil das gemeinsame Kochen auf dem offenen Feuer selbst in Zeiten von Hightech-Geräten etwas Abenteuerliches an sich hat.

Die Vorbereitung ist einfach, wenn man frische Zutaten von sehr guter Qualität auswählt.

Die Forellen mit einer Halskrause aus Dillkraut sind mit Petersilie und Zitronenscheiben gefüllt.

Meine Grillklassiker sind:

- frisches Gartengemüse auf Spießen
- marinierte Filets oder Steaks von Kalb, Rind oder Lamm
- mit Kräutern gefüllte Fische
- Riesengambas in Knoblauchöl
- verschiedene Salate
- Dips und Tortilla-Chips

Während das Fleisch und der Fisch auf dem Grill gart und sich die Gäste so lange gedulden müssen, bis die Köstlichkeiten fertig sind, sind Salate und Dips kulinarische Pausenfüller. Damit das Grillen auch für Vegetarier zu einem Genuss wird, sollte man unbedingt frisches Gemüse anbieten, das zum Grillen geeignet ist. Dafür eignen sich Auberginen, Zucchinis und Paprika besonders gut, aber auch Kartoffeln in der Folie, Maiskolben und Tofuspieße zum Beispiel im Sesammantel zum Grillen sind ideal.

Wenn man ein Grillfest im Garten organisiert und jeden Campingplatz-Touch vermeiden will, dann ist es unumgänglich, die Zutaten und Marinaden auf Porzellan, Glas oder Holz anzurichten. Auch hier gilt: kein Plastikbesteck, kein Alu und keine Frischhaltedose am Grill und auf den Tischen! Brote und Gemüse werden auf Holzbrettern geschnitten, in Körbe gelegt und auf den Tisch gestellt. Da man beim Grillen die Spieße und Krustentiere meist mit den Händen isst, sind Fingerschalen praktisch. Besonders dekorativ sind zum Beispiel mit warmem Zitronenwasser gefüllte Muschelschalen, in denen Blüten schwimmen. Salate auf großen Platten mit Blüten dekoriert sind nicht nur ein optisches Highlight, sondern schmecken auch hervorragend.

Kennen Sie einen guten Bäcker?

Dann lohnt es sich, vor der Grillparty Brote in ausgefallenen Formen zu bestellen. Mancher Meister seines Fachs backt Flechtkörbe aus Teig, in die man Mini-Brötchen mit Bärlauch, Brennnesseln oder Oliven legen kann. Diese essbare Tischdekoration ist nicht sehr aufwendig – und Sie werden sehen, wie sehr sich ein traditioneller Handwerker über einen solchen Auftrag freut!

Die Tischdekoration sollte man einfach halten: es eignen sich alle Arten von Windlichtern, Muschelschalen und Kräutersträußen in Kombination mit Gemüsen und Früchten. Ketchup, Senf und andere Soßen füllt man aus ihren Alltagsflaschen in Schalen, Schnapsgläschen oder Saucieren um. Weinflaschen dürfen ruhig auf dem Tisch stehen.

Ein kleiner Tipp für eine unkomplizierte köstliche Nachspeise: das Obst der Dekoration wird zerteilt und am Holzspieß in flüssige Schokoladensauce getaucht

Schaukochen mit Stil: Neben der Feuerstelle sind Platten mit Garnelen und Forellen aufgebaut.

Alternative für Vegetarier: Auch viel frisches Gemüse
sollte mitgegrillt werden

Rezepte

Gefüllte Forellen
Forellen vom Fischhändler ausnehmen und säubern lassen. Mit gehack-
ter Petersilie und Zitronenscheiben füllen, mit Olivenöl einpinseln und
grillen.

Mariniertes Lamm
Lammcarrées oder Lammlachse in Olivenöl mit gehacktem Rosmarin,
zerdrücktem Knoblauch und Zitronensaft einige Stunden marinieren. Mit
frischem Pfeffer bestreuen und grillen.

Knoblauch-Garnelen
Riesengarnelen in Olivenöl, reichlich zerdrücktem Knoblauch und Zitronensaft einlegen und einige Stunden marinieren. Grillen und in der Schale
servieren. Gehackte Petersilie nicht vergessen.

Diese einfachen drei Rezepte kann man für eine beliebige Anzahl von
Gästen vorbereiten. Je nach persönlichem Geschmack ist Knoblauch und
Pfeffer unterschiedlich zu dosieren. Die Marinade für Fisch und Fleisch
muss diese bedecken.

Damit kein Stress aufkommt,

- wird ein Grillchef ernannt, der den Grill
  rechtzeitig anfeuert und sich die ganze Zeit
  um diesen kümmert,
- ist es ratsam, sich bei einer großen Gästezahl
  zusätzliche Grills bei Freunden auszuleihen,
  damit es nicht zu lange dauert, bis man etwas
  zu essen bekommt,
- sollten Sie beim Platzieren der Feuerstelle
  darauf achten, dass Nachbarn nicht durch
  Rauchschwaden gestört werden.

Gemüse und Obst zum Dippen und Grillen dienen als
Tischdekoration – bis alles aufgegessen ist.

Pimms – der klassische englische Sommercocktail
mit Zitronen, Gurken und Pfefferminze
ist der ideale Gartendrink.

„Die Grillparty ist ein echtes
Gute-Laune-Fest."

Die aromatische Kapuzinerkresse eignet sich sowohl zum Verfeinern von Salaten als auch für das Verzieren von Fingerschalen mit Zitronenwasser.

Drinks ohne Alkohol

Yellow Orchid
2 cl Grenadinesirup, 2 cl Lime Juice, 1 cl Zitronensaft, 6 cl frischen Grapefruitsaft und 10 cl frischen Orangensaft mit einigen Eiswürfeln in den Shaker geben und schütteln. Durch ein Sieb in ein Glas mit Eiswürfeln gießen.

Baby Pina Colada
16 cl Ananassaft, 2 cl Sahne und 2 kleine Löffel Cocossirup im Mixer kräftig schütteln und in ein Longdrinkglas auf Eiswürfel gießen.

Virgin Mary
1/8 l Tomatensaft, 1 cl Zitronensaft, 2 Spritzer Wochestershire-Sauce und 1 Spritzer Tabasco mit etwas Eis im Shaker mixen. Über ein Sieb ins Glas gießen und mit Selleriesalz und Pfeffer würzen.

Drinks mit Alkohol

Pimms N° 1
Für diesen erfrischenden Drink mischt man $^1/3$ Pimms mit $^2/3$ Ginger Ale in einem großen Krug, fügt Eiswürfel, dünne Stücke von ungespritzter Zitrone und Salatgurke hinzu. Mit frischer Pfefferminze dekorieren.

Bellini
4 cl gekühltes weißes Pfirischpüree (aus geschälten, sorgfältig pürierten Pfirsichen)in ein Sektglas geben und mit 10 cl Prosecco oder Champagner aufgießen.

Big Ben
10 ml Grenadinesirup, 20 ml Zitronensaft, 40 ml frischen Orangensaft und 50 ml Gin mit Eiswürfeln im Shaker mixen. In ein mit Eis gefülltes Glas geben und mit100 ml Bitter Lemon aufgießen.

Leger und entspannt – das gemeinsame Grillen gehört
zu den schönsten Ritualen des Sommers.

In meinem eigenen Bauerngarten dienen mir die bayerischen Gärten als Vorbild. Blumen und Gemüse wurden so gepflanzt, wie ich es als Kind in Bayern gesehen habe.

DIE GARTENWELT MEINER KINDHEIT

DIE LANDSCHAFT BAYERNS INSPIRIERT MICH HEUTE NOCH DURCH IHRE FARBEN UND STIMMUNGEN BEI DER GESTALTUNG VON GARTEN UND HAUS

Wenn ich an meine Jugend in Bayern zurückdenke, glaube ich ein Bilderbuch aufzuschlagen: meine Kindheit erscheint mir als wahres Paradies, als riesiger Garten voller Äpfel und Birnen. Ich höre die summenden Bienen, die ganz betrunken von der Blüte der Bäume sind, und sehe das Glitzern des Wassers vor mir, Holzboote und Schilf. Ich bin in Rottach-Egern am Tegernsee aufgewachsen, einer Gegend, die in den 50er-Jahren noch wirklich ländlich war. Ich habe wilde und freie Kindertage in der Natur erlebt, zwischen Garten, Seen, Bergen und Wiesen. Diese Zeit hat die Basis für meine heutige Naturverbundenheit gelegt.

Freiheit und Natur

Da mein Großvater und später mein Vater Bürgermeister des Ortes waren, kannten mich alle Leute. Mit den Nachbarskindern waren das Spiel und die Freiheit grenzenlos. Wir wohnten mit den Großeltern zusammen unter einem Dach. Ständig gingen Freunde ein und aus. Wir hatten Hunde und ich durfte in einem Stall meine eigenen Ziegen halten. Mein Vater war ein großer Naturliebhaber, er besaß einen zahmen Raben und ein Eichhörnchen – und auch meine Großmutter war das, was man im Englischen so gut mit dem Ausdruck „down to earth"

beschreibt. Heute bin ich sehr dankbar für diese fröhliche, offene Kindheit, denn ich bin sicher, dass meine Stabilität etwas mit diesen unbeschwerten Jahren zu tun hat.

In meiner Jugend habe ich gelernt, wie sehr alle Lebewesen einander brauchen, Pflanzen und Tiere gleichermaßen. Deshalb freue ich mich über all die Tiere, die in meinem Garten leben. Sie sind nicht nur wichtig und nützlich, sondern oft ein großer Quell der Freude. Ich liebe Eichhörnchen, die über Äste balancieren, Rotkehlchen, die mich mit ihrem Zwitschern begleiten, oder Libellen, die über der Wasserstelle schwirren. Niemals käme ich auf die Idee meine Maulwürfe zu eliminieren, auf welche Art und Weise auch immer.

„Als Kind saß ich am liebsten auf einem Heuwagen, der noch von Pferden gezogen wurde."

Ritueller Schwatz am Brunnen mit der erfahrenen Katharina Hugl über die Vorzüge von Kapuzinerkresse und Brennnesselbrühe.

Vorherige Seite: Namensgalerie für alte Blumensorten.
Die liebevoll zusammengetragene Sammlung antiker
Pflanzenschilder schmückt die Außenwand
des Bauernhauses.

An der bayerischen Landschaft mit den majestätischen Bergen, schimmernden Seen und idyllischen Dörfern hänge ich noch sehr. Ich fahre regelmäßig an den Tegernsee und treffe Freunde in den verschiedenen Regionen Bayerns. So oft es geht, nehme ich mir die Zeit, ganz bewusst über die Dörfer zu fahren, um Bauerngärten zu bewundern. Manchmal gelingt es mir, mit der alten Bäuerin, die ich schon seit Jahrzehnten kenne, auf der Hausbank einen kleinen „Ratsch" zu halten und ihr gute Tipps für meinen Garten zu entlocken. Die alten Bauernweisheiten und Erfahrungen, die ich von ihr bekommen habe, waren mir schon oft ein guter Ratgeber. Ich habe gelernt, die Natur so zu respektieren wie sie ist und dankbar zu sein für das, was sie einem an Vielfalt bietet.

Wenn sich im September die ersten Blätter färben
und die Hagebutten langsam am Ast verschrumpeln,
beginnt auf dem Land die schönste Zeit: das Ernten,
Einmachen und gemeinsame Feiern im Haus.

KÜRBIS-SAISON

DIE GOLDGELBEN STARS
IM HERBST

Sie leuchten in Orange und Gelb, sind flach wie Trockenfeigen oder groß wie Medizinbälle, sie schmecken als süßer Auflauf, als salzige Suppe oder pikantes Chutney: Die großen und kleinen Kürbisse, Mitglieder der botanischen Familie der Cucurbitaceae, strahlen in meinem Garten so prächtig um die Wette, dass es mir manchmal fast leid tut, sie zu pflücken und zu verarbeiten. Die Verwandten der Gurken und Melonen – ursprünglich in Mittel- und Südamerika beheimatet – gehören bei uns seit Jahrhunderten zu den Hauptgemüsen des Herbstes. Nicht erst seit der amerikanischen Halloween-Welle, die den Kürbis auch in Europa immer beliebter macht, gilt er als eindrucksvolles Schaustück eines jeden Bauerngartens.

Schönheitswettbewerb am Land: In der goldenen
Herbstzeit lagern prachtvolle Kürbisse vor den
Bauernhäusern.

Für die Tischdekoration werden die Zweige des Zierapfelbaumes gesammelt.

Ob Speisekürbis, Ölkürbis, Zierkürbis oder Kalebassen-Flaschenkürbis: Die urigen Früchte sind echte Rundumtalente. Man kann Kürbisse nicht nur auf dem Feld, sondern auch zuhause in einem Kübel auf dem Balkon ziehen, wenn man sie mit guter Blumenerde, ausreichend Dünger und viel Wasser versorgt. Oftmals benutze ich Steirisches Kürbiskernöl, um Suppen und Salate zu verfeinern. Die dickflüssige, grünliche Substanz wird aus den gerösteten Kernen des Steirischen Ölkürbis gewonnen und besitzt einen intensiven nussigen Geschmack.

Dekorationsideen:

- Ausgehöhlte Kürbisse sind ideale individuelle Suppenterrinen oder Suppentöpfe.
- Große Kürbisse können auch als Blumenvasen fungieren.
- Zierkürbisse kann man mit Nüssen, Mini-Mais und getrockneten Hortensien auf einem Silberteller zu einem Stillleben arrangieren.
- Zusammen mit Sonnenblumen, Äpfeln und Nüssen sind Kürbisse perfekt für die Gestaltung eines Erntedank-Essens.

Kürbisse eignen sich wie kaum eine andere Frucht zum Kochen und Dekorieren: Ihr Fleisch ergibt aromatische Cremesuppen und sanfte Soufflés; man kann sie als süßes Püree mit kandierten Pekannüssen servieren oder zu Gemüse verarbeiten. In der Kombination mit Pfifferlingen und Sahne sind sie ein einfaches und unkompliziertes Mittagessen.

Auch wenn einmal Überraschungsgäste kommen und das vorgesehene Kürbisfleisch nicht ausreicht, ist das kein Problem, denn man kann sie wunderbar mit Kartoffeln und Karotten strecken. Die weiche, sämige Textur und ihre leicht süßliche Note macht Kürbisse zu einem idealen Begleiter von anderen Gemüsen.

Botanische Spielstunde unter dem Zierapfelbaum:
Bei der Vorbereitung der Tischdekoration
können auch die Kleinen helfen.

Zum Erntedank

Für eine Einladung zu Erntedank sind kleine Hokkaido-Kürbisse oder dicke Muskatkürbisse wunderbar geeignet. Ich kombiniere sie manchmal mit frischen Zieräpfeln aus dem Garten. Man kann die Apfelzweige entweder wie einen Blumenstrauß dekorieren oder aber als Ranken direkt auf den Tisch legen. Zu der gedrungenen Form des Kürbis passt einfaches Geschirr in Erdtönen, wie man es in vielen Bauernhäusern findet. Man kann es entweder direkt auf den Tisch stellen oder auf geflochtenen Sets platzieren.

Kürbisse als Tischdekoration

Planen Sie bei der Vorbereitung für das Aushöhlen der harten Feldfrüchte genug Zeit ein: gerade bei mehreren Kürbissen dauert das Ausschaben relativ lange.

Kürbisbad im alten Holzzuber: Damit die Feldfrüchte sauber geputzt auf den Tisch kommen, müssen sie sorgfältig von Erdresten befreit werden.

Um einen wirklich sauber abgetrennten Kürbisdeckel zu erhalten, zeichnet man zuerst mit einem Stift die Schnittstelle vor, an der man den Deckel abtrennen möchte. Dann erst trennt man den oberen Teil mit einem scharfen Messer ab.

Wenn man den Kürbis als Suppenterrine verwendet, sollte man auf eine glatte Innenfläche achten. Dafür schabt man das Fruchtfleisch mit einem Melonenkugelstecher ab. Auf jeden Fall muss man darauf achten, dass die dicke Schale nicht verletzt wird, da die Terrine sonst leckt.

Auch die kleinen Hokkaido-Kürbisse werden als
Zutaten und Geschirr benutzt: das Fruchtfleisch
kommt in die Pfanne, die aufgeschnittenen
Kürbisse dienen als Suppenterrinen.

„Kürbisse dienen seit Jahrhun-
derten als natürliches Geschirr.
Ich benutze sie als Vasen und
Suppentassen!"

Pfifferling-Kürbis-Pfanne
Zutaten für 4 Personen

4 Scheiben Roggenbrot und das Fleisch eines kleinen Muskatkürbis in gleich große Würfel schneiden. Das Brot in einer Pfanne mit Olivenöl zu Croutons rösten. 2 kleingeschnittene Schalotten in Butter anschwitzen. 600 Gramm Pfifferlinge und die Kürbiswürfel hinzugeben und mitbraten. Mit 100 ml Weißwein und 100 ml Gemüsebrühe ablöschen, die Flüssigkeit um die Hälfte einkochen. 100 ml Sahne hinzufügen und nochmals aufkochen. Mit Salz und Pfeffer abschmecken. 1 Bund gehackte glatte Petersilie und die Croutons untermischen. Zum Servieren in ausgehöhlte kleine Kürbisse füllen und den sorgfältig abgetrennten Kürbisdeckel aufsetzen.

Der große ausgehöhlte Kürbis wird mit Wasser gefüllt
und als Vase für Zierapfelzweige und
Sonnenblumen eingesetzt.

Folgende Seite: Herbstliche Tafel zum Erntedank:
Kürbisse sind Allroundtalente, denn sie lassen sich
in allen Varianten zubereiten und sind dekorativ.

Zur Birnenzeit im September beginnt der Erntetag auf der Streuobstwiese früh am Morgen.

ERNTEZEIT

VON ALTEN APFELSORTEN UND NEUEN BIRNEN

Wenn ich in einem Fotoalbum meiner Kindheit blättere, gehören die Bilder mit den Apfel- und Birnbäumen im Garten meiner Großeltern zu den schönsten Erinnerungen. Was habe ich mich damals auf den ersten Apfel gefreut! Der Garten diente aber nicht nur der Erholung, sondern auch der Ernährung. Nach einem langen Winter waren die ersten Früchte des Gartens eine Verheißung. Dort, wo ich aufgewachsen bin, war es selbstverständlich, mit und von der Natur zu leben. Die Wiese mit den Obstbäumen war mein schönster Spielplatz.

Festzeit auf der Leiter

Wenn während der Erntezeit im September die Birn- und Apfelbäume voller Früchte hängen, beginnt bei uns ein saisonales Fest: dann werden Leitern und Käscher herangeschleppt, um das reife Obst zu pflücken. Die Erntetage wecken den Urinstinkt des Sammelns und Jagens. Alle freuen sich, wenn sich die Kisten füllen, während man überlegt, wie all diese Schätze der Natur am besten verarbeitet werden sollen. Ob man lieber Marmeladen kocht,

Um Druckstellen an den Früchten und waghalsige
Klettertouren auf der Leiter zu vermeiden, ernten
wir unsere Birnen mit dem Obstkäscher.

Säfte macht oder einen Teil lagert? Die Arbeit wird belohnt, wenn ich mein selbst gemachtes Pflaumenmus zum Frühstück auf den Tisch stelle.

„Jeder Mensch sollte einmal im Leben einen Apfelbaum pflanzen."

Auch wenn sich in vielen traditionellen Obstanbaugebieten Plantagen für Äpfel und Birnen durchgesetzt haben, kommt es seit einigen Jahren zur Rückbesinnung auf alte Obstsorten. Der Streuobstanbau ist eine der ältesten landwirtschaftlichen Kulturformen. Die in der Landschaft verteilten Bäume sehen nicht nur idyllisch aus, sondern haben auch den Vorteil, dass man kaum Spritz- und Düngemittel einsetzen muss. Außerdem bieten die alten Bäume Uhu, Waldkauz, Specht, Schwalbenschwanz, Garten- und Siebenschläfer gute Unterschlupfmöglichkeiten.

Geben Sie regionalen Früchten den Vorzug:
Ungespritztes Obst, das an hochstämmigen Bäumen ausreift, hat einen aromatischen Geschmack. Apfelsorten wie der „Geflammte Kardinal", die „Landsberger Renette" oder die Birne mit dem schönen Titel „Köstliche von Charneux" haben eine große Süß-Sauer-Bandbreite. Ihre Formen folgen nicht der DIN-Norm wie die großen Handelssorten Granny Smith, Royal Gala und Pink Lady, schmecken aber herrlich.

Die Birnen werden direkt in der Holzkiste für den Winter im kühlen Keller eingelagert und peu à peu bis zur Weihnachtszeit aufgebraucht.

Die alte britische Regel: „An apple per day keeps the doctor away", nach welcher der tägliche Genuss eines Apfels die Gesundheit erhält, gilt besonders für alte Sorten:

Man hat herausgefunden, dass gerade traditionelle regionale Apfelsorten schädliche Freie Radikale bekämpfen und vor Infektionskrankheiten und Krebs schützen.

Da unsere Gesellschaft zunehmend mit den Folgen der Umweltverschmutzung durch ausufernden Energieverbrauch zu kämpfen hat, sollte es selbstverständlich sein, dass wir unser Obst möglichst nur aus der Region beziehen und die Bauern unterstützen, die alte Sorten anbauen. Heute gibt es Pomologen-Vereine, die es sich zur Aufgabe gemacht haben, über fast vergessene Apfelsorten zu informieren und gerne Anbautipps für die Pflanzung geben.

Obstgenuss und Umweltschutz:

- Verzichten Sie auf Importäpfel aus Übersee.
- Richten Sie für das Einlagern von heimischen Äpfeln und Birnen im gut durchlüfteten Keller ein Regal ein.
- Bringen Sie Ihren Freunden statt Blumen eine große Kiste alter Apfel- und Birnensorten (von Streuobstbauern/aus dem Bioladen) mit, die mit Namensschildchen versehen sind.
- Projekttag Apfelbaum für Gartenbesitzer: Laden Sie eine Klasse aus der örtlichen Schule zum Apfelpflücken und anschließendem Pfannkuchenessen ein!

Die Äpfel werden auf einem Haufen gesammelt und dann als Tafeläpfel und Einmachobst sortiert.

Folgende Seite: Frühmorgens im September, wenn die Sonne aufgeht, beginnen die Erntetage.

DER BAUERNGARTEN

BIOTOP DES ECHTEN GESCHMACKS

Bauerngärten verbinden das Schöne mit dem Nützlichen. Sie stehen damit in einer langen Tradition. Denn ursprünglich waren sie die ersten angelegten Areale des sesshaften Menschen, der Pflanzen kultivierte, um zu überleben. Unsere Vorfahren bauten auf einem umzäunten Stück Ackerland Karotten, Kohl und Zwiebeln an; später kamen importierte Kartoffeln, Kürbisse und Zierpflanzen hinzu. Noch zu Zeiten unserer Großeltern diente ein Bauerngarten vor allem dazu, eine vielköpfige Familie zu ernähren.

Freiluft-Speisekammer

Während der warmen Jahreszeit war der Garten die Speisekammer und für den Winter wurde Gemüse und Obst eingelegt. Die traditionellen Einmachrezepte von Marmeladen und Obst sind von Generation zu Generation überliefert worden und stammen aus einer Zeit, in der man den Winter mit ein paar Vitaminen ohne Tiefkühltruhe und Importware

überstehen musste. Heute sind Bauerngärten in unserem Teil Europas nicht mehr überlebenswichtig, da wir das ganze Jahr über im Supermarkt und auf Bauernmärkten einkaufen können. Aber wenn der Platz und die Passion für einen Gemüsegarten

Öko-Refugium

Bauerngärten haben sich in den vergangenen Jahren zu wahren ökologischen Refugien mit Modellcharakter entwickelt. Gerade in unserer Überfluss-

vorhanden sind, dann sollte man ein Beet anlegen, denn es gibt nichts, was die Freude an der eigenen Ernte übertrifft. Das Kräuterbeet im Blumenkasten und die Tomatenstaude im Terrakottatopf auf dem Balkon erfreuen jeden leidenschaftlichen Koch.

gesellschaft sollte eine Ecke des Gartens für das Fruchtbarmachen des Bodens reserviert werden. Es ist ein echtes Privileg, seine Familie aus dem eigenen Garten zu ernähren. Obst und Gemüse, weder gespritzt noch bestrahlt, schmeckt frisch

129

Vorherige Seite: Auf einer ungemähten Wiese laden
zwei Stühle zum Verweilen ein mit Blick
auf bayerische Fichtenwälder.

Feuerholz, Äpfel, Blumen und Kohl:
Der Bauerngarten ist Blumenladen,
Speisekammer und Erholungsort in einem.

geerntet einfach besser. Wer einmal eine Tomate aus dem eigenen Gemüsebeet probiert hat, wird fortan auf alle Kopien aus der Industriezucht verzichten. Außerdem bieten Bauerngärten durch ihre Vielfalt an Pflanzen zahlreichen bedrohten Insektenarten, Vögeln und kleinen Vierbeinern ein paradiesisches Zuhause.

Die Erntefolge bestimmt den Speisepla:

Das Wissen, wie Aromen und Texturen naturbelassener Lebensmittel schmecken können, ist ein Privileg für die Sinne. Für mich ist die Ernährung aus dem eigenen Garten eine wichtige Form der Geschmackserziehung, gerade für Kinder: hier kann man beim Gang durch die Beete lernen, was zu welcher Jahreszeit wächst, wie eine Himbeere, wenn man sie vom Strauch pflückt, schmecken kann, ob eine Karotte, frisch aus der Erde gezogen, noch Gemüse ist oder schon zum Obst gehört, weil ihr Aroma so süß ist.

Wenn man selbst keine Möglichkeit hat, einen Bauerngarten anzulegen, findet man genug Alternativen: Heute bieten viele Bäuerinnen ihre Ernte in den zunehmend beliebten Hofläden oder auf Bauernmärkten an – unterstützen Sie diese Unternehmen statt zum Discounter zu gehen!

Ich ziehe in unserem Garten so viel Gemüse und Spalierobst, dass ich im Sommer kaum etwas kaufen muss. Mein Haushalt ist fast autark: Wir ernten Spinat, Erbsen, Radicchio, Rucola und Tomaten, Lauch und Sellerie, Brokkoli und Blumenkohl. An Spalieren wachsen Pflaumen, Birnen und Äpfel und auf der Wiese stehen Mirabellen- und

Rosa Dahlien und Cosmeen wuchern mit voller Kraft
in den Beeten des Bauerngartens.

Reineclaudenbäume. Der Speiseplan richtet sich nach den Produkten, die gerade reif sind: je nach Saison kochen wir das, was an Gemüsen geerntet werden muss. Mit schnellen und gesunden Rezepten kann man den Speiseplan variieren.

Bei der Anlage eines Bauerngartens

- kann man ein Areal mit Buchs eingrenzen oder ein Wiesenstück mit einem Flechtzaun aus Weidenruten abtrennen,
- eignet sich auch ein Stück Erde vor einer schützenden Steinmauer (für Spalierobst ideal!),
- sollte man Nutz-und Zierpflanzen nach Farbharmonien zusammenstellen,

- muss man Pflanzen, die gleiche Schädlinge anziehen, trennen,
- kann man auch auf kleinstem Raum, Kräuter und ein paar Salatköpfe anpflanzen,
- macht sich ein Apfelbaum immer besser als ein exotisches Gewächs.

Wer das Glück hat, Platz für einen kompletten Bauerngarten mit Obst, Gemüse, Kräutern und Blumen anlegen zu können, wird erfahren, dass ein solcher Garten viel Pflege braucht: als Besitzer ist man Schneckenpolizist, Unkrautrupfer und zur Erntezeit vielbeschäftigter Koch. Man muss auch lernen, mit gewaltigen Erntemengen umzugehen.

Kleinblütige Astern und gefüllte, dunkelpinke Rosen runden die Farbpalette des Blumengartens ab.

Wenn man zwei Tage vor den Ferien mit 20 Kilo erntereifer Zucchini gesegnet wird, muss man bereit sein, diese einzumachen, einzufrieren oder zu verschenken.

Blumenladen im Garten

Heute haben viele Bauerngärten vor allem eine dekorative Funktion. Der stolze Rittersporn, langstielige Malven, Phlox, Dahlien, Astern und Sonnenblumen sind Jahr für Jahr der ganze Stolz ihrer Besitzer. In meiner Heimat Bayern bewundere ich die Bäuerinnen, die es verstehen, mit wenigen Mitteln prachtvolle Gärten anzulegen. Die Zierblumen verschönern nicht nur die Fassade des Hofes – mit

ihnen werden heute noch, nach alter Tradition, die Kirchen an hohen Festtagen geschmückt.

Hausrezepte

Die Bäuerinnen geben ihre altbewährten Erfahrungen – wie schon ihre Mütter – an ihre Töchter weiter: Sie wissen, an welcher Hausseite sich welche Blumen am wohlsten fühlen, dass man an die Geranien vor den Fenstern die verdünnte Molke der eigenen Kühe geben muss, damit sie üppig wachsen. Sie arbeiten auch heute noch mit Teeblättern und Kaffeesatz, um Rosen zu düngen.

Auch ich nutze diesen biologischen Dünger in meinem Garten und habe im Laufe der Jahre

Vor der Fassade des Bauernhauses werden kränkelnde
Pflanzen wieder aufgepäppelt und mit selbst
angesetzter Brennnesselbrühe kuriert.
Frisch geschnittene Blumen und
blau-weiße Schalen schmücken
den einfachen Holztisch.

gelernt zu akzeptieren, wenn an gewissen Stellen des Gartens Pflanzen schlecht gedeihen, weil dort vielleicht eine Wasserader verläuft, zu viel Gestein liegt oder die Erde nicht ideal ist.

Saat und Ernte sind übrigens auch in einem kleinen Stadtgarten möglich; selbst auf einer Terrasse findet sich immer ein Platz für einen Johannisbeerstrauch, ein paar Erdbeerpflanzen oder Tomaten. Es muss nicht so perfekt aussehen wie im Garten von Villandry, in dem bunte Gemüsepflanzen auf vielen Quadratmetern als verspielte geometrische Formen angelegt sind.

Mein Gartentipp:

Brennnesselbrühe ist mein Allheilmittel bei kränkelnden Pflanzen:

Man füllt ein Fass bis zum Rand mit Brennnesseln, gießt Wasser bis fast zum Rand auf und lässt die Mischung zwei bis drei Wochen durchziehen.

Von diesem Sud mischt man 10 Milliliter auf 10 Liter Wasser und begießt damit Obst, Gemüse und Blumen.

ZIMMER MIT AUSSICHT

WOHNEN IM FREIEN

Ein Teetisch mit dem Lieblingssessel auf dem Balkon. Eine englische Lesebank unter einem Weidenbaum, in dem die Vögel nisten. Eine Art-Deco-Dusche mit Blick über die Hügel: die schönsten Lebensorte sind oft diejenigen, die man als Zimmer im Freien einrichtet. Wenn die Grenzen zwischen dem Wohnen im Haus und im Garten schwinden, entstehen neue Ecken voller Poesie und Originalität.

Neue Wohnorte

In den vergangenen zehn Jahren hat der Möbelmarkt eine veritable Revolution erlebt: die Hersteller bieten heute viele Tische, Stühle und Bänke aus Materialien an, die unempfindlich sind gegen Licht, Regen und Schnee und die man das ganze Jahr über draußen stehen lassen kann. Neben den klassischen englischen Teakmöbeln gibt es Tische aus Raku, Liegen aus Hightech-Fasern wie Batylene, Fauteuils aus Kunststoff, Outdoor-Himmelbetten oder offene balinesische Badehäuschen mit Bergen von großen Kissen.

Leseecke mit Blick ins Grüne: Bunte Decken, ein Dahlienstrauß und Bücher machen aus dem Balkon einen herrlichen Ruheplatz – auch an Regentagen.

Sinfonie in Blau. Zur Zwetschgenernte kommt blau-
weißes Porzellan und ein passendes Tuch
auf den Tisch.

Mit dieser neuen Möbelauswahl hat sich auch das Wohnen im Garten sehr verändert. Heute kommen wir in Gärten, die wie perfekt eingerichtete Wohnzimmer anmuten, denn sie sind mit breiten Hängematten, überdimensionalen Fauteuils und Flecht-Tischen ausgestattet, die auch bei schlechtem Wetter draußen bleiben können. Einige dieser Möbel sind sogar so schön, dass man sie ins Haus stellen kann.

Mit dem eigenen Fundus neu dekorieren:

■ Auch mit traditionellen Bauernmöbeln, mit älteren Gartenmöbeln vom Flohmarkt und Stoffen aus dem eigenen Fundus kann man Außenbereiche des Hauses neu gestalten.

■ Die Möbel müssen nicht unbedingt wasserfest sein, sollten aber unter der Witterung nicht leiden. Ist man kein Freund des „shabby chic", kann man empfindliche Materialen bei

schlechtem Wetter mit Folie abdecken

- Wenn man sogenannte „gute" Materialien wie Brokat, Seide, hochwertiges Leinen und altes Porzellan im Freien arrangiert, entsteht auch im Garten ein echtes Wohngefühl.

- Das Übertragen der Lebensbereiche von Innen nach Außen gelingt immer, wenn man sich konsequent für eine klare Farbpalette oder einen einheitlichen Stil entscheidet.

- Mit Stoffen kann man Außenbereiche am einfachsten verwandeln und alte Möbel buchstäblich verkleiden. Die meisten Menschen sind überrascht, edle Kissen oder opulente Decken nicht in einem Salon, sondern im Garten vorzufinden. Dieses Spannungsfeld von Natur und Kultur kann man immer wieder neu inszenieren.

- Wer viel im Freien lebt, kann auch ein altes Bauernbuffet oder einfache Regale an Außenmauern anbringen, die man bei gutem Wetter mit Geschirr und Vasen dekoriert. Davor stellt man bequeme Sessel, einen kleinen Tisch – fertig ist ein gemütliches Zimmer!

„Geizen Sie bei der Gestaltung von Außenplätzen nicht mit schönen Stoffen – sie sind das A und O der Dekoration!"

Liebe zum Detail: Vor der einfachen Hauswand sind ein passendes Windlicht, ein rosafarbenes Jacquard-Tuch und blaues Porzellan zu einem harmonischen Stillleben kombiniert.

Schöner duschen: Unter der geschwungenen Messingbrause beginnt der Tag im Sommer mit Blick auf die Kuhwiese.

Einrichtungstipps:

■ Aus einem alten Beistelltisch wird mit einem Paisley-Schal, einer Blumendecke oder einem alten Vorhang ein wunderbarer Lesetisch.

■ Blickfang Blumenstrauß: Große Buketts adeln jeden Tisch und jede Fensterbank.

- Üppige Blumenkübel, Windlichter und Stühle mit farbigen Kissen machen auch einen unscheinbaren Platz zum Sommer-Esszimmer.
- Falls genügend Sichtschutz vorhanden: eine Dusche an einer Hauswand mit Blick in den Garten.

Der Kiesplatz vor dem Haus wurde mit einfachen Bauernmöbeln, einem Tellerregal, Einmachgläsern und Pastellstoffen in ein offenes Speisezimmer verwandelt.

Der Spätsommertisch mit rosa Hortensien,
violetten Feigen, rosablauen Sets und blauweißem
Geschirr ist eine Augenweide, die leicht zu gestalten ist.

DIE KLASSISCHE ABENDEINLADUNG

MAGIE VON LEICHTER HAND

Einladungen am Abend haben eine ganz besondere Atmosphäre. So schön es ist, zum Mittagessen oder am Nachmittag einzuladen – zu einem Abendessen an einem Sommerabend in den Garten zu bitten, weckt beim Gastgeber wie bei den Gästen eine fast magische Stimmung, die man sich auf vielfältige Weise zunutze machen kann. Für mich beginnt die Vorbereitung damit, den Platz des Geschehens zu bestimmen, das Geschirr und die Tischdecken auszusuchen, die Kombination von Früchten und Blumen für die Tischdekoration zu wählen und das Menü festzulegen. Es entsteht ein wunderbares Verkleidungsspiel für Haus und Garten, bei dem man immer wieder neue Ideen entwickeln kann. So entdeckt man vielleicht den Charme von jahrelang unbenutztem Porzellan wieder, wenn man

145

Blumenmotiv des Abends ist die Hortensie;
ich schneide sie einige Stunden
vor Beginn des Festes.

Die schönsten Pflaumen und Feigen sind neben
den Blumen versammelt. Da lasse ich mich
von den Farbeffekten inspirieren.

es mit ungewöhnlichen Gläsern oder Blumen in
Kontrastfarben kombiniert, oder man gibt einem
alltäglichen Tisch durch eine prächtige Decke und
einem eleganten Setting ungewohnten Glanz. Bei
der Entscheidung, in welcher Farbpalette man das
Abendessen geben möchte, kann man sich von der
jeweiligen Flora des Gartens leiten lassen. Was im
Garten nebeneinander schön aussieht, kann auch
auf dem Tisch nicht falsch sein. Kerzen und Fackeln tauchen das Ensemble in eine geheimnisvolle
Aura. Wenn das liebe Wetter noch mitspielt, kann
man seinen Gästen eine fantastische Bühne bieten.

Die besondere Tischdekoration:

- Spielen Sie mit den Gegensätzen elegant
  und rustikal. Antikes Porzellan kombiniert mit
  farbigen Stoffsets und Silberbesteck kann
  einen alten Holztisch durchaus aufwerten.
- Die Suppenterrine wird zum Prunkstück,
  wenn man sie auf beiden Seiten mit flachen
  Gestecken aus dem Garten kombiniert.
- Wenn man keine Suppe vorsieht, kann man die
  Terrine als Gefäß für Blumen verwenden.
- Viele kleine Windlichter schmeicheln Tisch
  und Teints!

Das Obst wird auf einem Tablett zum Tisch gebracht.
Für die Vase im Hintergrund der Tafel stelle ich weitere
Hortensien mit Zweigen aus dem Garten zusammen.

Bei der Gestaltung versuche ich, farblich harmonierende Blumendekorationen in unterschiedlichen Höhen zu arrangieren, die ich an verschiedene Plätze stelle. Für den Tisch eignen sich zum Beispiel kurze Hortensiengestecke und farblich passende Malven. Große Vasen mit Hortensien, grünen Zweigen oder englischen Rosen können als Ensemble oder allein auf Beistelltische oder Fensterbänke platziert werden. So erhält der geschmückte Raum eine durchgehende Handschrift.

Die Gäste sind entscheidend:

Genauso wichtig wie eine zauberhafte Umgebung ist eine interessante Gesellschaft. Vor der Einladung mache ich mir Gedanken darüber, wen ich mit wem einlade: ob ich alte mit neuen Freunden mische, ob sie aus der Region oder dem ganzen Land kommen sollen.

Die besten Abende sind die, bei denen der Mix aus Generationen gelingt.

Folgende Seite: Die Tischdekoration und das Geschirr
wird auf einer alten Bank abgestellt, bevor es
die Abendtafel schmückt.

Rezept
Zutaten für 4 Personen

Vorspeise

Kalte Gurkensuppe

1 große Salatgurke waschen und die Kerne herauslösen, mit dem Saft 1 Zitrone, 500 Gramm Naturjoghurt, 500 Gramm Buttermilch, ½ Bund glatter Petersilie, 1 Knoblauchzehe, je einem Bund Schnittlauch und Dill in den Mixer geben und gut pürieren. Mit Salz und weißem Pfeffer abschmecken und für 4 Stunden in den Kühlschrank stellen. Vor dem Servieren mit 2 Esslöffeln gerösteten Mandeln bestreuen.

Hauptgang

Risotto

4 Schalotten und 2 Knoblauchzehen fein hacken und in Olivenöl anbraten, 300 Gramm Risottoreis (Vialone oder Arborio) hinzufügen, andünsten und mit etwa ¾ l Gemüsebrühe in kleinen Mengen unter ständigem Rühren immer wieder auffüllen. ¼ l Weißwein hinzugeben und weiterrühren bis der Reis bissfest gegart ist. 200 Gramm Rucola in ganzen Blättern hinzugeben und weiterrühren. Mit Salz und Pfeffer abschmecken. Zum Schluss ein kleines Stück Butter und 4 Esslöffel geriebenen Parmesan unterrühren.

Nachspeise

Ziegenkäse mit Feigen

Pro Person einen frischen Ziegenkäse mit einigen Tropfen Balsamico-Essig beträufeln und mit reifen Feigen servieren.

Die Beleuchtung ist genauso wichtig wie die Dekoration: hier wird der Tisch für acht Personen vom Hintergrund aus in warmes, indirektes Licht getaucht.

LITERATUR

von Boch, Brigitte
Einadungen. Frühjahr, Sommer
OvB Publishing 1999

von Boch, Brigitte
Einladungen. Herbst, Winter
OvB Publishing 1999

von Boch, Brigitte
Flower Design
TeNeues 2006

Brookes, John
Die Kunst der Gartengestaltung
Dorling Kindersley 2002

von dem Bussche, Viktoria
Meine Gartenrezepte
Callwey 2007

Don, Monty
Genial Gärtnern. Biologisch und naturnah.
Dorling Kindersley 2004

Harpur, Jerry
Neue Gärten in alter Tradition
Knesebeck 2006

Hobhouse, Penelope
Der Garten. Eine Kulturgeschichte.
Dorling Kindersley 2007

Howcroft, Heide/Brand, Christa
Geheime Gärten in Deutschland
DVA 2007

Jones, Louisa
New Gardens in Provence
Stewart, Tabori & Chang 2006

Marston, Peter
The Conservatory Book
Orion Books 2001

Roehm, Carolyne
A Passion for Parties
Broadway Books 2006

Russell, Vivian
Monets Garten im Wechsel der Jahreszeiten
Dumont 1995

Sackville-West, Vita
Mein Sommergarten
Piper 2006

Stabile, Enrica
Open Air Living
Ryland, Peters and Small 2001

100 Traumgärten in Deutschland
Geplant und gebaut von den „Gärtnern von Eden"
Callwey 2005

Van Trier, Harry/Hermans, Didier
Buchs
Ulmer 1997

Trust Dahan, Bonnie
Gardenhouse. Bringing the Outdoors in.
Chronicle Books 1999

BEZUGSQUELLEN

PFLANZEN

Gartenbaumschule Auerbach
www.gartenbaumschule-auerbach.de
Tel.: +49 (0) 22 42 33 74

Stauden, Kletterpflanzen, Wildobst, Wasserpflanzen

Lorenz von Ehren
www.lve.de
Tel.: +49 (0) 40 76 10 82 80

Große Baumschule mit Alleebäumen und Formgehölzen für ausgefallene Hecken

Kordes Rosen
www.kordes-rosen.com
Tel.: +49 (0) 41 21 4 87 00

Der deutsche Spezialist für Rosen. Großer Katalog und Versand der wurzelnackten Pflanzen von Oktober bis Mai.

Rheinland-Stauden
www.rheinlandstauden.com
Tel.: +49 (0) 21 31 5 12 37 10

Iris-Spezialist mit einem Angebot von rund 100 Züchtungen

Rosenschule Stange
www.rosen-stange.de
Tel.: +49 (0) 41 25 95 85 15

Englische Rosen, historische Rosen, Kletter- und Ramblekletter-Rosen

Rhododendren-Waldpark D.G. Hobbie
www.hobbie-rhodo.de
Tel.: +49 (0) 4488 2294

Drei- bis vierjährige Rhododendren-Ballenpflanzen

Piet Oudolf
www.oudolf.com
Tel.: +31 (0) 31 48 11 20

Pflanzen im New-Wave-Stil: Spezialist für Gräser und Präriestauden

Gärtnerei Ullmann
www.hortensien.net
Tel.: +49 (0) 3 51 8 38 70 31

Großer Hortensien-Fachhandel aus Radebeul

Alte Obstsorten & Obstmuseum Winderatt
Meinolf Hammerschmidt
www.alte-obstsorten.de
Tel.: +49 (0) 46 35 27 45

Spezialist für alte Äpfel-, Birnenbäume und Beerensträucher

Westphal Clematiskulturen
www.clematis-westphal.de
Tel.: +49 (0) 41 01 7 41 04

Rund 100 Clematis-Sorten, auch Raritäten

Staudengärtnerei Gräfin von Zeppelin
www.graefin-v-zeppelin.com
Tel.: +49 (0) 7 63 46 97 16

Legendäre Spezialadresse für Iris, Taglilien, Pfingstrosen, Türkenmohn, Rittersporn und Phlox

MÖBEL FÜR DEN GARTEN

Bever Garden
www.bevergarden.de
Tel.: +49 (0) 25 71 57 70 50

Elegante Edelstahlmöbel mit geschwungenen Linien, auch nach Maß

Cane Line
www.cane-line.com

Möbel im Landhausstil in Korboptik

Royal Botania
www.royalbotania.com

Moderne Gartenmöbel aus wetterfestem Material, Hängematten und Outdoor-Himmelbetten

Dedon
www.dedon.de

Der deutsche Spezialist für langlebige Outdoormöbel, die aus der Dedon-Faser per Hand geflochten werden. Designs von klassisch bis futuristisch.

Extremis
www.extremis.be

Ungewöhnliche moderne Biertische, wetterfeste Paravents, Gartenduschen und Karren

Rausch classics

www.rausch-classics.de

Klassische Lounge-Möbel und Gartentische

Kettal

www.grupokettal.com

Elegante Fauteuils und ausgefallene Eisenstühle im Côte-d'Azur-Stil

Teak & Garden

www.teak-and-garden.de

Tel.: +49 (0) 2 81 9 62 66 11

Klassische Möbel im englischen Stil aus Plantagenteak

Tribu

www.tribu.com

Gartenmöbel von traditionell bis modern

Weishäupl

www.weishäupl.com

Robuste Sonnensegel, Siamschirme, Teakschirme in Uni und mit Streifen

GITTER, LAUBEN, WEIDENELEMENTE, BRUNNEN

Antike Gartendekoration Bodo Peters

www.bodopeters.de

Tel.: +49 (0) 26 33 9 71 06

Antike Brunnen, Tröge und Skulpturen aus Naturstein

Classic Garden Elements

www.classic-garden.elements

Tel.: +49 (0) 61 92 90 04 75

Ranksäulen, Wandgitter, Lauben und Pavillons

Flechtwerk

www.flechtwerk-hamburg.de

Tel.: +49 (0) 40 25 49 24 63

Weidenzäune, Trennwände, Baumhäuser nach Maß

WeidenArt

www.freitag-weidenart.com

Tel.: +49 (0) 81 61 9 15 76

Grüne Weidentunnel, Durchgänge und natürliche Skulpturen

RUND UM DEN TISCH

Brigitte von Boch LIVING

www.Bevonboch.de

Mein eigener Shop mit Möbeln, Wohnaccessoires und Mode

Bright Britain

www.Bright-britain.de

Karierte Picknickdecken, Picknickkoffer und Grillbesteck

British Picknick

www.British-picknick.de

Leere und bestückte Picknickkörbe, Kniekissen und Plaids

Dîners en Ville

27, rue de Varenne und 89, rue du Bac, 75007 Paris

Tel.: +33 (0) 1 42 22 78 33

Die beste Pariser Adresse für ungewöhnliches Porzellan, opulente Tischdecken (auch in Übergrößen) und buntes Glas

Kuball & Kempe

Alter Fischmarkt 11, 20457 Hamburg

Tel.: +49 (0) 40 3 03 82 20

Der schönste Interior-Laden Hamburgs: Hochwertiges Kunsthandwerk, Leuchter, Porzellan

Laguiole

www.le-laguiole.de

Formschöne, handgeschmiedete Messer für Picknick und Brotzeit

Radspieler

Hackenstraße 4 und 7, 80331 München

Tel.: +49 (0) 89 2 35 09 80

Eine Fundgrube für schöne Stoffe, Sets und Tischdecken

Beauvillé

www.beauville.com

Opulente Tischwäsche mit Arabeskenmotiven in bester elsässischer Manufaktur-Tradition

Collection Regards/Astier de Villatte

www.collection-regards.com

Handgemachte neobarocke Keramik

Pierre Frey

www.pierrefrey.com

Klassische bedruckte Stoffe. Besonders schöne Kissen und Decken.

Iittala
www.iittala.com

Skandinavisches Glas in gutem Design, viele Windlichter

Le Jacquard Français
www.le-jacquard-francais.fr

Bunte Tischtücher und Servietten in aufwendiger Jacquard-Webung. Viele florale Motive.

F. Leitner Leinenmanufaktur
www.leitnerleinen.com
Tel.: +43 (0) 7 28 87 01 70

Feinstes Leinen der 150jährigen Mühlviertler Manufaktur Leitner. Für nahezu unverwüstliche Tischdecken und Schürzen.

Sabre
4, rue des Quatre-Vents, 75008 Paris
Tel.: + 33 (0) 1 44 07 37 64

Ausgefallene Edelstahlbestecke mit bunten Kunststoff-Griffen. Passendes Teegeschirr

Solenzara
www.soleranza-gmbh.de
Tel.: +49 (0) 40 42 91 28 79

Stoffe und Kissen in französischem Stil –
Piqué, Toile de Jouy, Leinen in verschiedenen Breiten

Villeroy & Boch
www.villeroy-boch.com

Geschirr, Gläser und Tischdekoration von klassisch bis modern, in allen guten Fachgeschäften zu finden

VASEN UND TÖPFE

DOMANI
www.domani.be

Winterfeste Pflanztöpfe aus Terracotta, Zink und Kunststoff

Serralunga
www.serralunga.com

Der italienische Spezialist für moderne edle Kunststofftöpfe und Bänke in vielen Farben

Sia
www.sia-homefashion.com

Wunderschöne Töpfe und Vasen in vielen Größen und Farben, für alle Jahreszeiten

LICHTER UND FACKELN

Aristo
www.aristo.com

Fackeln und Gartenlichter

Point à la Ligne
www.pointalaligne.fr

Außergewöhnliche Kerzen in Form von Gemüsen, Früchten und Blumen

GARTENGERÄTE, ACCESSOIRES

Aigle
www.aigle.com

Gummistiefel und Gartenschuhe, nicht nur in klassischem Grün, sondern auch mit witzigen Mustern

Dubarry Team Deutschland
www.dubarry-team-deutschand.de

Strapazierfähige klassische Lederschuhe und Stiefel für Garten und Wald

Gardena
www.gardena.de

Der bewährte deutsche Klassiker für Gartengeräte

Le Prince Jardinier
www.princejardinier.fr
Tel.: +33 (0) 1 42 60 37 13

Schöne hochwertige Scheren, Messer und Harken. Originelle Schürzen, Oberteile und Gartentaschen.

Sneeboer
www.sneeboer.com

Handgeschmiedetes Gartenwerkzeug eines niederländischen Familienbetriebes. Vielfältige Schaufeln, Harken und Hacken aus Edelstahl mit Kirschholzgriffen, die lange halten.

SONSTIGES

www.fruchtversand.de

Obst und Gemüse aus kontrclliert biologischem Anbau per DHL direkt ins Haus geliefert!

BILDNACHWEIS:

Alle Bilder von Claudia von Boch mit Ausnahme von Seite 84/85: Jupiter Images/Botanica

IMPRESSUM:

© 2008 Verlag Georg D.W. Callwey GmbH & Co. KG
Streitfeldstraße 35
81673 München
www.callwey.de
E-Mail: buch@callwey.de

Die Deutsche Nationalbibliothek verzeichnet diese Publikation in der Deutschen Nationalbibliografie;
detaillierte bibliografische Daten sind im Internet über <http://dnb.ddb.de> abrufbar.

ISBN 978-3-7667-1738-2

Texte: Brigitte von Boch und Stefanie von Wietersheim
Lektorat und Produktion: Nicola Gräfin Dönhoff, Heidelberg
Umschlaggestaltung: Lucie Schmid, Independent Medien-Design, München
Layout und Satz: Peter Senger, Kaarst

Druck und Bindung: Kessler Druck + Medien, Bobingen
Printed in Germany 2008